体育课堂教学设计与
运动技能训练指导

邢　峰 ◎ 著

吉林出版集团股份有限公司
全国百佳图书出版单位

图书在版编目（CIP）数据

体育课堂教学设计与运动技能训练指导 / 邢峰著
. --长春：吉林出版集团股份有限公司，2023.10
ISBN 978－7－5731－4426－3

Ⅰ．①体… Ⅱ．①邢… Ⅲ．①体育教学－课堂教学－
教学设计－研究 Ⅳ．①G807.01

中国国家版本馆 CIP 数据核字（2023）第 204966 号

体育课堂教学设计与运动技能训练指导

TIYU KETANG JIAOXUE SHEJI YU YUNDONG JINENG XUNLIAN ZHIDAO

著　　者 邢　峰
责任编辑 蔡宏浩

开　　本　787mm×1092mm　1 / 16
印　　张　11.5
字　　数　200 千字
版　　次　2023 年 10 月第 1 版
印　　次　2023 年 10 月第 1 次印刷

出　　版 吉林出版集团股份有限公司
发　　行 吉林音像出版社有限责任公司
　　　　　（吉林省长春市南关区福祉大路 5788 号）
电　　话 0431－ 81629679
印　　刷 吉林省信诚印刷有限公司
ISBN 978-7-5731-4426-3　　　　　定价 / 50.00 元

如发现印装质量问题，影响阅读，请与出版社联系调换。

前　言

　　体育教学与运动技能训练指导是一项系统、复杂的工程，它涉及教师行为、学生行为、教学内容、教学媒体、学习环境等多种因素。为了实现既定的教学目标，提高教学效果，使学习成果让学生终身受益，教师必须全面审视体育教学活动过程，从多方面、多元化角度把握教学实态，对体育教学与运动技能训练的实际问题做出反应并提出解决对策。体育教学与运动技能训练指导是关系体育教学质量和学生发展的一项重要内容，是解决体育教学实际问题的一项基本对策。在体育教学深入发展的今天，讨论体育教学与运动技能训练指导教学这一内容，是每一名体育教育工作者必须着重关注和研究的内容。

　　本书结构合理，内容清晰，初步构建了体育教学论的框架和内容，以教学目标和教学过程为主线展开，注重教师基本能力的培养，并对学校体育的众多方面进行系统分析和探索。本书在内容安排上充分考虑了我国现代体育教学的实际情况，不仅具有科学性和实用性，也体现了时代性的特点。

　　本书内容丰富，语言简洁，逻辑清晰。既有技能的理论知识，也有技能的实践训练，两者相结合能够全面提高体育教师的教育教学能力。

　　由于本人水平有限和出版仓促，书中难免有疏漏之处，望广大读者提出宝贵意见，以便今后修正和完善。

编者

目　　录

第一章　体育课堂教学设计基础

体育教学设计和其他学科一样，有自己的定义、特征、作用和价值等。在课程改革的形势下，教师由传统教学观念向现代教学观念转变的关键，便是对教学设计的重新认识和现代教学设计技术的掌握。但是，自教学设计理论被引入我国以来，教学设计的理论研究一直处于引介和消化国外研究成果的状态，符合我国体育教学实际情况，真正能被教师接受，能够指导教师在教学中运用的教学设计研究还比较缺乏，存在解释力不够、只提供体育教学设计的流程、难以解决具体的体育教学问题等多种缺陷。所以，体育教学设计还只停留在仅仅考虑体育知识的重点和难点的讲解，以及练习方法的选取和教学过程所安排的逻辑起点上。我们认为，体育教学设计除要考虑以上问题外，还应该体现对学习环境的创设、学习情感的培养、学习方式的指导和学习技术（策略）的关注。教学设计从关注学生需要学习什么、为什么学习、怎样去学出发，来考虑教师教什么、为什么教、怎样去教，直至学生学得怎么样，考查和评价教学行为等方面，都值得我们去研究和掌握。为此，我们希望通过对以下问题的探讨，帮助教师对现代体育教育理论指导下的教学设计有更清晰的认识，使教师将体育教育理论和体育新课程理念与体育教学实践真正结合，从而使体育新的课程理论在体育课堂得以真正的落实。

第一节　体育教学设计的含义及特征

一、体育教学设计的含义

（一）设计的概念

建筑有建筑设计，服装有服装设计，出版有封面设计和版式设计，教育也有教学设计。许多领域都把设计作为自己工作的一个有机组成部分。设计这个术语指的是：为了解决一个问题，在开发某些事物和实施某种方案之前所采取的系统化计划过程。设计与其他形式计划的区别在于，它在计划过程中所要求的精确性、仔细性和科学性的程度不一样。设计者在系统地计划项目时，必须非常精细和科学。因为他们知道，粗劣的行动方案会导致不良的后果，可能造成时间、人力、物力和其他资源的浪费，甚至危及生命。教学设计者也特别担心不好的教学设计方案会产生乏味、无效的学习，其后果有时会非常严重。例如，在体育教育方面，其后果便突出地表现在"学生喜欢体育，而大部分学生不喜欢上体育课"。

设计要科学、合理，要遵循一些基本标准，如大楼设计要服从安全第一这个原则，还须考虑许多因素，这些因素会影响计划的实施。教学设计者也要考虑能影响教学取得成功的各种因素。我们将逐一指出并阐述体育教学设计者在制订体育教学设计方案时应该考虑哪些因素，并将它们纳入一个系统化的体育教学设计过程模式。虽然有关体育教学设计的理论会讨论到一些教学设计时需要操作的规则，但使用这些规则时必须赋以想象和独创，使设计出来的教学方案不仅切实有效，而且别具一格。

总之，设计几乎涉及人类社会的方方面面。人们为了达到某一目的就要精心构造达标的方案。同时，任何有目的的活动领域都离不开人的思考、判断、决策和创新。因此，设计的本质在于决策、问题求解和创造，设计活动具有科学的、艺术的、技术的多重性质。

（二）体育教学的概念

体育教学是体育教师引起、维持、促进学生体育学习的所有行为方式。体育教师的主要行为包括教师的示范、师生对话与指导，辅助行为包括激发动机、期望效应、课堂交流和课堂管理等，体育教师通过这些行为活动，在课堂上有计划、有组织、有目的地使学生获得体育知识和技能，形成道德品质和世界观，发展智力和个性。为了提高体育教学的质量，在实施教学前，体育教师要对教学行为进行周密的设计和安排，考虑"教什么""如何教""要达到什么要求"等，也就是必须对体育教学活动进行设计。

综合上述体育教学和设计两个概念，我们大致可以认为，体育教学设计是指以体育专业理论（运动人体科学的基础理论、体育心理学、体育教学论等）以及学习理论、传播理论、教学媒体理论等相关的理论与技术为基础，运用系统方法分析体育教学问题，确定体育教学目标，设计解决体育教学问题的策略、试行方案、评价结果和修改方案的系统化计划过程。它不是力求发现客观存在的尚不为人知的体育教学规律，而是运用已知的体育教学规律去创造性地解决体育教学中的问题。体育教学设计这一概念可以从以下几方面来进一步认识。

1. 体育教学设计是一个系统规划的过程。体育教学是一个由教师、学生、教学内容、教学条件，以及教学目标、方法等要素组成的系统，这些要素在体育教学过程中彼此相关联，针对一个特定的共同目标发挥各自的作用，组成了一个有机的统一体。体育教学设计就是应用系统的方法研究、探索体育教学系统中各要素的本质联系，并通过具体的操作程序来协调、配置，使各要素有机结合，完成体育教学系统的功能。

2. 体育教学设计的目的是解决一系列复杂的教学问题、寻找最优解决方案的过程。

3. 体育教学设计的结果是经过验证、能实现预期功能的教学系统。可以直接使用于教学过程，达成一定的教学目标。它也可以是对《体育教学大纲》或《体育与健康教育课程标准》中一个单元或一节课教学计划的详细说明。

4. 体育教学设计是一种具有创造性和决策性的研究活动，它既强调体育学科中的基础的学科知识，也突出设计实践活动，而这些活动又是以经验为基础的。

"教师是人类灵魂的工程师。"一个体育教学设计者就是一个工程师，他们要根据过去已经获得的成功的体育教学原理来计划自己的工作，帮助学生改变自己的思想、知识、行为和体能，力图使自己设计的成果不仅有实用价值，而且能吸引和感染他们的学生。

事实上，许多体育教师为了追求教学的效果和效率，都在自觉不自觉地进行着体育教学设计工作，但这种设计往往受到教师自身教学经验、知识水平、传统习惯及工作环境等因素的限制，所以它是一种经验式的体育教学设计。

现代教育技术意义上的体育教学设计本质上是一个分析体育教学问题、构建解决方案，并对该方案进行预试、评价和修改，为体育教学最优化创造条件的过程。形式上是一套进行系统化计划的具体工作步骤和程序，实际成果是经过验证的各个层次的体育教学系统实施方案，包括体育教学目标、教学计划、教学大纲、教学进度、教学方案，和为实现一定体育教学目标所需的整套教材（印刷的或视听的）、学习指导、教师用书等。

从以上叙述可以看出，体育教学设计是一个牵涉因素很多的研究工作和计划工作，它从学校体育工作的目的和体育课程教学目标的实际出发，对体育教学过程中的要素进行全面分析，系统而全面地制定教学策略。教学设计要完成对影响体育教学过程各要素的科学配置，形成一个最优化的教学设计。因此，体育教学设计是实现体育教学最优化的前提条件，科学的体育教学设计是保证体育教学质量的必备条件。

二、体育教学设计的一般特征

（一）体育教学的诸要素

在各级各类学校中进行的体育教学活动是一个复杂的现象集合，但体育教学也和其他事物一样，由一些最基本的因素所构成，如果我们能认识这些基本因素，就可以了解体育教学的全貌，并认识体育教学的内部结构。

体育教学由八个基本因素组成，即学生、教师、教学目标、教学内容、教学过程、教学环境、教学方法和教学评价。下面，让我们用形象的"体育教学全景图"

来阐述体育教学的八个主要因素与它们之间的联系。

1. 体育教学的第一个问题是：体育教学为谁而组织？当然是为了学生，因此，体育教学的第一个基本因素是学生。没有学生就没有必要组织体育教学，没有学生也就不存在体育教学。学生是体育教学中的主体因素，也是最活跃的因素。学生在"体育教学全景图"中相当于"坐在汽车上的实习司机"。

2. 体育教学的第二个问题是：体育教学是谁组织和实施的？回答是教师，因此，体育教学的第二个因素是教师。没有教师，就没有了体育教学中的"教授和指导"；没有教师，也不可能存在体育教学。体育教师是体育课程设计的参与者和课程的实施者，也是把握教学方向的责任者。体育教师是体育教学中的主导因素，也是内在的掌控因素。

3. 体育教学的第三个问题是：我们为什么要组织体育教学？这是体育教学的目的和目标的问题，因此，体育教学的第三个基本因素是体育教学目标。没有教学目标的教学不能说是有目的、有计划的教育活动，体育教学目标是教师掌控体育教学的依据，没有目标也就没有了体育教学。在体育教学实践中，我们具有超学段、学段、学年、学期、单元和课时等多层次的体育教学目标。体育教学目标是体育教学中的定向和评价因素，体育教学目标在"体育教学全景图"中相当于"公路上的标志、车站和终点站"。

4. 体育教学的第四个问题是：在体育教学中，教师教的和学生学的是什么？这就是体育教学内容，因此，体育教学的第四个基本因素是体育教学内容。没有教学内容的体育就不成为教学而只是锻炼，就不是学科而只是活动，没有教学内容，体育教学就空洞化了。体育教学内容是由内容的实体（课程）和内容的载体（教科书）共同组成的，它们是体育教师根据社会的要求、学科的体系和学生的需要选编出来的。体育教学内容在"体育教学全景图"中相当于"载着师生的汽车"。

5. 体育教学的第五个问题是：体育教学沿着什么样的途径达到目标？这就是合理的体育教学过程，就不能完成体育课程的设计，没有了体育教学过程，体育教学就没有了时间和程序上的支撑。教学过程是体育教学中的时间和流程因素，不同的教学时间主要表现为"单元规模"的问题，不同的流程主要体现为"教学模式"的问题，流程、时间，以及它们与效果的最优化就是"教学设计"的问题，因此，体育教学过程是教学的最中心因素，它在"体育教学全景图"中相当于"公路"和"到达目的地的最佳路线"。

6. 体育教学的第六个问题是：体育教学是在什么环境下组织的？这就是指教学是不是具有良好的条件和氛围。条件主要指物质方面的环境，如场地是不是舒适和整洁，器材是不是完备，场地布置得是否合理，等等；氛围主要指非物质方面的环境，如师生关系是否融洽，生生关系是否有利于互助，校风是否正派，班风是否良好，课堂气氛是否和谐，等等。没有良好的体育教学环境就会影响体育教学的质量，有时甚至会严重影响体育教学的正常进行，因此，它是体育教学的第六个基本因素。

7. 体育教学的第七个问题是：怎样实现最好的体育教学？这是体育教学方法的问题。体育教学方法也是体育教学一个重要的基本因素，它与目标、教师及学生等因素有着密切的关系，体育教学方法是教师根据教学目标和学生的学习情况所选择的有效的教学技术和手段，其中包含了帮助学生理解学习内容的各种信息及其传递方式。

8. 体育教学的第八个问题是：我们看到的体育教学是怎样的？这是体育教学的评价问题。体育教学评价也是体育教学的重要基本因素，它与教学目标和教师有着密切的关系，是教师根据目标制定各种评价指标，这些指标有评价教师"教"的方面，也有评价学生"学"的方面。

（二）体育教学设计的系统性

体育教学设计过程是一个系统的过程。在进行体育教学设计时，需要在分析论证所存在的体育教学问题的基础上设定目标，然后密切围绕既定目标设计体育教学的各个环节，从而保证了"目标、策略、评价"三者的一致性。体育教学设计从体育教学系统的整体功能出发，在工作程序上，往往不是先完成一步再开始下一步的，而是不断往复、相互补充，综合考虑体育教师、学生、体育教材、体育教学媒体和体育教学评价等各个方面在体育教学中的地位与作用，使之相辅相成，互相促进，产生整体效应，保证体育教学设计整体上的系统性，达到体育教学效果的最优化。

（三）体育教学设计的科学性

体育教学设计是一门科学。科学的真谛在于求真，体育教学设计是在人体解剖学、人体生理学、体育保健学、运动生物化学、体育心理学、体育教学论等体育专业理论以及教育传播理论、教学媒体理论和教学评价理论的指导下，根据学和教的基本规律，尊重学生的兴趣爱好，尊重学生的个性特征，建立起合理的体育教学目标、内容和方法的策略体系，科学地运用系统方法对各个体育教学要素及其联系进行分析和策划。

（四）体育教学设计的灵活性

虽然体育教学设计过程具有一定的模式，需要按照既定的流程进行，但体育教学设计的实际工作往往不一定按照流程图所表现的线性程序开展。有时候，没有必要或不可能完成所有的工作步骤。因此，中小学体育与健康课的教学设计，就不需要再到社会上去进行对社会需要的分析论证工作。所以，在进行体育教学设计时，我们应根据不同的情况和要求，灵活地决定从何处着手工作，重点解决哪些环节的问题，略去一些不必要开展或无法开展的工作步骤，因地制宜地进行体育教学设计。

（五）体育教学设计的具体性

由于体育教学设计是体育教学过程中的具体问题而发展起来的理论和技术，因此，体育教学设计过程的每一环节都是具体的。例如，在分析学习任务时，体育教学设计者或体育教师必须仔细剖析体育教学目标中所包含的概念、规则和行为等，并在此基础上提出具体的教学步骤和方法。

（六）体育教学设计的艺术性

体育教学设计是一门艺术。艺术的生命在于创造，体育教师在进行体育教学设计的过程中，要根据教材、学生的不同特点和不同的教学环境条件，发挥个人的智慧，进行创造性的劳动。艺术具有丰富的审美价值，一份好的体育教学设计方案，既新颖独特、别具匠心，又层次清晰、富有成效，给人以美的享受。

（七）体育教学设计的创造性

体育教学设计的过程应该是一个创造性地解决体育教学问题的过程。现代体育教学设计理论应该反映体育教学目标、方法和条件之间的多重关系，并揭示影响这些关系变化的要素，构筑理论框架。体育教学设计是一项极富创造性的工作，设计者在独特情境的背景中阐明需要，确定策略，对教学设计的因素进行归纳或简化，该过程是自觉的、创造性的。一个有经验的设计者能很快"悟到"自己的思路是正确还是不正确，这就是工作中的直觉。思想的丰富性、问题解决方案寻求中的新颖性以及独特性，都来自设计者的创造性。

由此可见，我们既要以科学的理论指导体育教学设计，不断提高体育教学设计的科学化水平，又要发挥体育教学设计的艺术特色，不断进行体育教学艺术的创造，力争使体育教学设计达到完美的境界。

第二节　体育教学方法设计的原则和要求

一、现代体育教学方法设计的原则

（一）讲究健身性

增强学生体质是我们体育与健康教学课最主要任务，也是永恒的主题，离开了这一点而谈其他都是徒劳和不现实的。体育教学是一门以适量身体健康增强体质为终身目标的必修课。学生通过掌握简单运动技术，养成锻炼习惯。体育教学不以培养运动员为目的。所以，它的教学内容和训练方式必须有别于少体校的教学和训练方式，体育学科是一门以多学科知识渗透的综合学科，有自身的特点。因此，安排教学内容和教学方法及教学手段，必须遵循生理运动基本规律、运动技能形成规律和青少年心理认知水平规律。否则就谈不上科学的健身性，达不到锻炼身体的效果。但大前提是用什么方法达到乐此不疲的效果，让学生体验生理痛苦后的心理欢乐。事实上，体育运动本身就是痛苦与快乐并存、成功与失败同在的多元整体。而往往是失败后的成功更宝贵，痛苦后的欢乐更感人。这里有一个很微妙的辩证关系，在具体实施上要把握好"度"，不要刻意追求运动量和强度。例如，练习耐久跑不一定非得跑圈能发展耐力，发展投掷能力不见得非得用推铅球练习来增强上肢力量，掌握一项简单的运动技能未必需要几十次的重复练习。

（二）提倡多样性

多样性包括教学方法的多样性、组织形式的多样性、授课内容的多样性、评价方式的多样性、教具使用的多样性。

1. 教学方法的多样性

不管什么内容，都是先讲解、后示范、再练习，这样的方式学生看够了也厌烦了，没有吸引力和生命力，有些内容，可以不示范或后示范（简单动作）。例如，口令的喊法，有的可以用1，2，3，4；有的可以用语言口令（加大摆臂、动作到位、再来一次、舒展大方等）；还可以用音响节奏来控制教学进程。

2. 组织形式的多样性

常年不变的队形排列，四列或两列，常年不变的左右邻居，常年不变的练习对象和伙伴，容易使学生失去新鲜感，产生厌烦感，可以根据教材内容随时变化。比如，上篮球课这几个人一组，上体操课那几个人一组，上田径课另外几个人一组。

3. 授课内容的多样性

多样性能达到增加或延长学生学习兴趣的效果，这和吃饭一样，天天吃山珍海味你也会感到没味，教学内容的安排也是一样，要随着教学的进程变化随时进行调整，变换花样，调节胃口，每顿饭都有新的美味佳肴、拼盘小菜。不要受过去一个主教材、一个辅助教材那种教学模式的限制。

4. 评价方式的多样性

过去，课堂评价往往是以量化标准或以动作质量的好坏进行评价，获奖面很小，不利于调动学生的积极性。现在，注重过程评价和定性定量相结合的评价。要想办法扩大一下授奖面，比如，课堂上设进步奖、超越奖、克服困难奖、完成动作优秀奖、动作达标奖等多种奖项，调动学生的积极性。这里的许多评价形式不必都由教师来操作，可以发动学生和学生骨干进行自评、互评。同时，也培养了学生的组织、观察、分析和语言表达等各方面能力，使更多的学生参与评价和接受评价，彼此互相受益，得到锻炼。

5. 教具使用的多样性

教具和场地是体育教学的重要保证，教具多、场地布置新颖，能增加兴奋点，给学生以新颖刺激，激发他们的学习兴趣。比如，在完成主教材后或在教学过程中，增加和引进一些学生喜闻乐见的新型运动项目（以游戏和竞赛的形式），如土保龄球、沙狐球、竹竿舞、跳绳、踢毽子、打口袋、跳方格等；也可以挖掘乡土教材，像满族的珍珠球等。

（三）注重选择性

学生自主选择（满足兴趣）的愿望是强烈的，主动发展（兴趣为基础）的潜力是巨大的，在新课程的实施中，我们要善于在多样性的活动中发挥教育的功能。为学生创造选择条件，扩大选择范围，提供选择空间，给他们展示自我的机会，提高他们的各种能力，在满足他们学习欲望的基础上进行学习。体育教学中的选择性主要包括教学难度的选择、练习项目的选择、教学内容的选择、学习方式的选择、练习和配合对象的选择。

1. 教学难度的选择

选择是解决学生学习兴趣的一个好办法，它可以满足不同学生的兴趣爱好及求知欲望，也是我们过去常讲的分层次和因人而异教学法。比如，跳高或跳箱可设置不同的高度，杆可以设高、矮，箱可以设置纵、横，由学生根据自身条件，自由选择适合自己特点和能力的高度进行练习。

2. 练习项目的选择

在学校场地、器材允许的范围内，在教学内容可行的情况下，增加练习内容。例如，上田径课，可增加一些体操和球类等有趣的其他运动内容，供学生选择，满足学习兴趣。

3. 学习方式的选择

传统教学是以在教师统一指挥下的练习为主体，学生的学习方式没有选择余地，现在提倡学生的学习方式要多样化。例如，学生自己组织的练习，学生个人的单独练习，两人间的互相纠正练习，单独找老师辅导的练习等，都可以让学生进行自愿选择。

4. 练习和配合对象的选择

过去的练习，组织形式和人员配备（分组）都由老师安排确定，限制了学生间的沟通，现在提倡把这个权利交给学生，可以让他们根据意愿选择自己喜欢的同伴进行练习玩耍，使他们的内在潜力得到充分发挥。

（四）突出竞争性

任何体育项目都存在着不同的竞争因素，否则就不成为体育，没有竞争，体育也就失去了它固有的魅力。竞争可以使人看到进步和希望，竞争可以使人找到自己的不足和努力方向。课堂上应该多引入竞争机制是毋庸置疑的，但由于人体客观上存在着各方面的差异，所以，竞争应建立在公平合理之上。否则，就达不到竞争的目的，伤害部分同学的积极性和自尊心、自信心。因此，在公平合理的基础上，还要多层次、全方位地使每一个学生都能参与竞争，确保每一个学生都能从竞争中取得成功、获得收获、得到竞争带来的满足。哪怕是和自己竞争获得的胜利，也会使学生兴奋不已。成功必然会获得乐趣，努力就会获得进步和成功，就能尝到胜利的喜悦。竞争包括个人间的竞争、集体间的竞争、自己与自己的竞争。

（五）增加趣味性

兴趣是学习的原动力，体育游戏能把体能、技能与智能融为一体，带有浓厚的趣味性和娱乐性的特点，是一项既含有激烈竞争因素，又带有轻松活泼等特性的综合性运动，备受学生的喜爱。在欢乐的气氛中进行竞争，在竞争中体验愉悦，能提高学生中枢神经系统的兴奋性。因此，在体育教学中恰当的运用游戏，可以很好地调节课堂气氛，促进教与学质量的共同提高。

二、现代体育教学方法的设计要求

（一）牢记创新教育思想的目的

创新是素质教育的核心，也是新课程改革的重点，追求的不是创造出什么社会效益和经济效益，而是学生发展的价值。所以在教学方法上，要围绕创新做文章，使学生在思想观念上"想创新"，在行为意识上"敢创新"，在目标达成上"能创新"，在学习过程上"会创新"。创新对改变传统教学模式、激发学生兴趣、推动体育教学改革、树立新的体育教学观念，意义重大。

（二）明确教师角色转变的意图

新课程对教师角色的要求是多方面的，教师原有的角色要发生变化，还要不断地扮演新的角色，才能成为新课程的适应者。这可从四个方面考虑：一是由传统知识传授者成为学生学习过程的合作者，二是从传统教学的支配者成为学生学习活动的促进者，三是从传统教书者成为适应新课程发展的研究者，四是从冷面裁判员成为学生活动的热情欣赏者。

（三）升华教学技能的艺术品位

继承和发扬传统教学技术的精华是新课程的要求，也是教学发展客观规律的需要，同时，掌握现代教学技术和新的教学理念更是必不可少，怎样将传统的教学技能与现代教学技术相结合，是当前众多体育教师直面的问题。在新形势下教师既不能用传统教学技能守缺抱残，又不可以用所谓的现代教学技术画蛇添足，满足运动技能水平的高低，不思教学技能的艺术性是不可取的，也是不适应现代教学需要的，应将两者有机地结合起来。

（四）设计贴近生活实际的教学内容

体育活动对于发展学生的社会适应能力具有独特的作用，学生在体育活动中所获得的合作与交往能力能迁移到日常的学习和生活中去。要采取有效的教学手段和方法培养学生的社会适应能力。例如，走、跑、跳、投是人的基本活动能力，在生活中随处可用，原始人追逐奔跑、跨越障碍是为了获得猎物或逃避危险，如果等到他摆好起跑姿势再跑的话，可能猎物早就跑得无影无踪了，反之他就成了猎物和猛兽的美餐了。所以，类似起跑这样的教学内容是没有实际意义的，唯一的作用是比赛。又如，学习武术是为了什么？除强身健体外，更重要的应是在生活中能增强防御能力。因此，在教学中要突出攻防意识的教学，一招一式的来龙去脉，要向学生交代清楚，否则就没有实际意义。

（五）搭建展示学生自我的平台

体育教学中，学生展示能力的机会和条件很多，教师要充分利用，培养学生的主体意识，让每一个学生尝试成功、体验成功，用成功的愉悦促进愉悦的成功。成功是每一个人所追求向往的。成功能帮助人树立信心，激发斗志，形成动力。教师要充分相信学生、信任学生不能停留在口头上，而要付之于行动。所以要做到如下几条：

1. 给学生一个空间，让他们自己去翱翔；
2. 给学生一个条件，让他们自己去锻炼；
3. 给学生一个时间，让他们自己去安排；
4. 给学生一个问题，让他们自己找答案；
5. 给学生一个困难，让他们自己去克服；
6. 给学生一个机会，让他们自己去选择；
7. 给学生一个机遇，让他们自己去把握；
8. 给学生一个冲突，让他们自己去解决；
9. 给学生一个权利，让他们自己去利用；

10. 给学生一个题目，让他们自己去创造。

第三节　体育教学设计的基本程序

一、体育教学设计的基本程序

体育教学设计的基本程序是：①分析教学任务，阐述教学的预期目标；②确定学生的起点状态，包括他们的原有知识水平、技能和学习动机、状态等；③分析学生从起点状态过渡到终点状态应掌握的知识技能，或应形成的态度与行为习惯；④考虑用什么方式和方法给学生呈现教材，提供学习指导；⑤考虑用什么方法引起学生的反应并提供反馈；⑥考虑如何对教学的结果进行科学的测量与评价。

二、体育教学设计书写

（一）书写内容及步骤

教学设计说明：①写出本教学设计意图和整体思路（突出新课程特点）；②教学分析：包括教学内容的分析和学情的分析；③教学目标：知识与技能，过程与方法，情感态度与价值观；④教学策略（或学生指导）：选用的教学方法，教学手段，媒体及讲解、示范、练习、竞赛设计；⑤教学过程；⑥教学反思、评价。

（二）书写说明

1. 书写的形式。由于课堂教学设计是非线性的。因此，教学设计的书写也应该体现这一特色。书写可以是文本的，也可以是表格的，也可以将文本和表格两者结合。

2. 一般文本形式可以比较充分地表达思想和具体的内容，信息量大，但不宜直观地反映教学结构中各要素之间的关系。而表格形式能够比较简洁、综合体现教学环节教学诸因素的整合。因此，我们认为，或者以表格书写，或者将文本和表格书写形式合二为一，采用文本形式书写前端分析，教学过程则一般以表格形式或教学流程图书写，从而组织成为一篇教学设计方案。

三、体育教学设计与教案的区别

教学设计与教案有联系也有区别，从内容上来区分，教案是原来我们老师备课结果的体现，从这个角度来讲，教案大致包含三个方面的内容：学生部分、教材部分、教法部分。教学设计则不同，它首先是把教育、教学本身作为整体系统来考察，运用系统方法来设计、开发、运行、管理，即把教学系统作为一个整体来进行设计、实施和评价，使之成为具有最优功能的系统。

教学系统设计综合教学系统的各个要素，将运用系统方法的设计过程模式化，提供一种实施教学系统设计的可操作的程序与技术。在教学系统的设计过程中，通过系统分析技术（学习需要分析、学习内容分析、学习者分析）形成制定、选择策略的基础；通过解决问题的策略优化技术（教学策略的制定、教学媒体的选择等）以及评价调控技术（试验、形成性评价、修正、终结性评价等）使解决与人有关的复杂教学问题的最优方案逐步形成，并在实施中取得最好的效果。从这一定义中我们可以看出，教学系统设计所选择的教学内容远比教案范围要广，目光的着眼点可能会在整个学段的知识体系，或者整个单元，再到某节课。另外，从定义中我们也会得到这样一个结论，作为现代教育技术的一个重要组成部分，教学设计技术将使我们从感性的教案设计走向更加理性的技术应用，掌握教学设计的技术将是我们成批量培养优秀教师的一个途径。

第四节　体育课教学的理论基础

一、体育课与超量恢复规律

（一）超量恢复原理

身体的能源物质运动时间少，如肌肉里面的糖原。在运动后的休息期，减少的物质会恢复，不但能恢复到原来的水平，而且能超过原来的水平，这一过程，称为超量恢复。为什么运动能促使肌肉生长粗壮？为什么锻炼能增加身体的运动能力，超过了原来的物质贮存量？在体育课上，学生积极进行各种活动，加速了体内物质能量的消耗，促使异化作用加强，于是引起疲劳和暂时的身体能力下降，而疲劳过程同时又刺激恢复的过程，相应的引起和增强同化作用，出现超量恢复，提高有机体技能能力。体育教学中让学生承担一定的生理负荷，促进新陈代谢的进行，提高机能能力水平，产生适应性效果，也是基于超量恢复原理。

（二）超量恢复过程

超量恢复过程是有阶段性的，第一是工作阶段，即学生承担运动负荷，动员机体潜在能力，使心血管系统的机能和能量合成水平提高，工作能源贮备逐渐被消耗。第二是相对恢复阶段，包括机能指标等恢复到工作前的水平。第三是超量恢复阶段，经过合理的休息，物质和能量的贮备超过了原来的水平，从而提高机体的工作能力。

二、体育课与动作形成规律

运动生理学与体育教育的实践证明，动作的形成一般有三个阶段，即粗略的掌握运动阶段、改善与提高动作阶段和巩固与运用自如阶段，这三个阶段可以称之为泛化阶段、分化阶段、自动化阶段。

（一）粗略的掌握动作阶段

1. 在教学开始阶段，教师通常是先采用分段法，从分段到完整逐步施教，因此，学生要逐步掌握动作的某个主要环节，以便逐个克服困难，建立信心，加速掌握动作的进程。

2. 学生应明确动作的意义，结构、规格、要领、动作的过程和完成的方法，建立正确的动作表象和完整的动作概念，并注意把教师的讲解、同学的演示与自己的联系有机地结合起来。

3. 要根据性别特点、身体发展水平、体育基础情况参加学习并锻炼意志。

4. 要是自己有足够的练习时间，重复次数和适宜的运动负荷，要通过肌肉本体感觉，体会动作的要领和整个动作过程，从而逐步粗略掌握动作。

5. 要善于预防和发现自己的错误动作，并采取有效措施积极加以纠正，以免形成错误的动作定型。

（二）改善与提高动作阶段

1. 以采用完整练习法为主，如采用分段法，主要是用来纠正某一错误动作，或是加强动作某一环节学习。

2. 通过默念和自我暗示等方法，进一步加深对动作的理解，促进大脑皮层兴奋，抑制过程的进一步分化，加速动力定型的顺利形成和不断巩固。

3. 在保证动作质量的前提下，要适当加大运动负荷，加大运动负荷是先从加大"量"开始，即先增加重复练习的次数和时间等。

4. 若动力定型已形成，要适当采用变换练习方法。如改变练习的环境、动作的组合，以及运动负荷和器材等，使自己在不同的条件下完成已经学会的动作。

5. 要检查与评定掌握动作的情况，提高自己对动作技能的自我检查与评定的能力。

（三）巩固与运用阶段

1. 要采用完整练习法的重复练习，如采用分段法也只是用来分析某一技术的要素，或在需要时进一步改进动作某一细节。

2. 要特别强调运用自己的思维能力，广泛采用互相帮助、互相保护、互教互学、自我评定成绩等方法，提高问题分析和解决问题的能力。

3. 要进一步改进动作的某些细节，提高动作质量。重复练习时，要把各种练习法有机结合运用，以适应各种变化情况，使之在各种情况下都能熟练、准确、省力地完成动作。

4.要在承担较大的生理负荷的条件下准确、熟练地完成动作，注重量和强度的正确配合，有主有从，逐步加大，破浪式前进，服从教学任务的要求和符合自己的具体情况。

动作形成前的三个阶段是相对而言的，既反映了同学们掌握动作的逐步深化的过程，又反映了同学们身体机能和体制不断变化和提高的过程。在实践中，由于每个学生的情况（身体条件、体育基础、学习态度等）、教师的教学能力和经验、教材特点以及其他有关条件不同，这三个阶段的具体特点和所需的时间也不同。

三、体育课与集体活动规律

（一）体育课集体活动中存在着心理相容与凝聚力

体育课中，班级内同学之间的心理相融具有重要意义。如果同学间心里相容，关系融洽，说起话来才有共同语言，参加练习才能同心协力，并共享成功后的喜悦。

教学实践反应体育课堂内班级心理不相容的主要原因有：同学之间观点、信念不一致；同学之间隐蔽的个人矛盾解决得不好，同学之间个人的性格特点和道德修养水平差距较大；

教师对同学的成就或贡献评价失当。

体育课中集体的凝聚力表现为五种：集体内其他成员和人际关系的吸引力，集体所进行活动的吸引力，同学实现个人目标的吸引力，集体威信的吸引力，集体的目标和课堂的吸引力。

（二）体育课集体活动中的基本原则和要求

体育课堂中，由于集体活动内容的社会性、趣味性、技艺性，形式上的新颖、生动多样，对大学生具有极大的吸引力。一般而言，形式一旦失去参加集体体育活动的机会，常常会产生孤独感，所以，体育的集体活动是大学生所渴望的身体锻炼形式，为了使同学们所爱好的集体活动在体育教学中发挥作用，大学生在集体活动中应遵循下列原则和要求：

1.集体至上

体育课中，分组教学，轮换教学，要求个人服从集体，局部服从整体，如果强调个人意志，则教学无法实施，练习无法展开。因此，在体育课中树立集体至上的观念是极其有必要的。此外，在体育集体活动中，参加者可以亲眼看到集体力量比个人力量大，亲身体验到参加身体锻炼的乐趣，比较容易意识到个人的努力与懈怠会影响到集体的成败，从而能够产生尊重和服从集体的意向，逐步形成集体主义思想。

2. **褒优罚劣**

集体舆论，即在集体中占优势的言论与意见，常常是个人与集体关系的直接表现。它以议论、褒优、奖惩等形式肯定或否定这些关系，引起集体成员情绪上的体验，促使他们调整自己的行为。体育课中，健康的舆论体现集体的意志，是保证体育教学的一项重要条件。健康的舆论在体育教学实践中表现为褒优罚劣，即对体育课中良好的行为如关心集体、服从安排等进行赞扬，对不良行为如我行我素、不听指挥等进行批评，这对体育课堂优良学风的形成必不可少。

3. **平等、公正**

在体育课集体活动中，确保人与人之间的公正、组与组之间的平等极为重要。在身体接触较多的彼此需要互相协作的练习过程中，对于搭配不当、人员分配不均、对人要求不一，以及带有成见或偏见处理个人与集体或个人与他人的关系，极容易引起直接对抗。所以，在体育课集体活动中，无论是做游戏，还是做测试、评等级，大学生要胸襟坦荡，既不徇私舞弊，又坚持一视同仁，这样，体育课上的各项集体活动才能在心悦诚服的条件下有条不紊地进行。

第五节　运动技能理论基础

一、运动技能概念

（一）运动与技能

"运动"的本意是指离开工作，是与工作相对应的概念。它在英语中没有固定的词义，通常包括娱乐、消遣、游戏、玩耍、户外活动、比赛等。《牛津高级英汉双解词典》的解释是：运动是为了娱乐和健康的身体活动，是通常在户外进行的比赛。从上述对运动概念的界定中可以看出：广义的运动包括两个基本要素，一是娱乐，二是比赛。其中，运动的高级形式——竞技，它的本质属性应该是身体运动文化。狭义的运动是指人通过各种身体活动，对身心的生物化改造过程。它的本质功能是娱乐、消遣和健身。由此衍生出来的社会功能包含了文化、教育、政治和经济等诸多方面，这也进一步说明了运动在人类社会生活中的重要性。

"技能"的基本含义有关词典做了解释。《心理学大词典》的注释是："个体运用已有的知识经验，通过练习而形成的智力动作方式和肢体动作方式的复杂系统。"《辞海》（教育学·心理学分卷）的注解是："运用知识和经验执行一定活动的能力叫'技能'；技能包括在知识经验基础上，按一定的方式进行反复练习或由于模仿而形成的初级技能，也包括按一定的方式经多次练习使活动方式的基本成分达到自动化水平的高级阶段，即技巧。如刚刚学会写字的人只有写的技能，必须通过反复练习才能形成书法熟练。技能和熟练只有在实践活动中，通过勤学苦练，才能形成与发展。"《英汉双解教育辞典》对技能的定义是："技能是通过练运习、重复和反省习得的体能、心能或社会能力。个体对这种能力的提高也许总是无止境的。"技能还包括认知技能、动作技能、反应技能和交互技能四种类型。在体育教学实践中，这几种类型对运动技能的具体教学措施有一定的价值。

（二）运动技能与运动技术

在体育教学领域，运动技术与运动技能是一对相联系又有一定区别的概念。一般认为，运动技术是运动技能的基础，运动技能是运动技术发展的高级阶段。运动技术是一个运动项目在规则的许可下所特有的运作序列。运动技术的另一个特点是客观存在性，即它是不随人的意志为转移的，同时，也不具备个人的特性。运动技能则不一样，它是人经过学习而掌握的具有个性化的自动化的行为方式，具有明显的个人特征。

近年来，我国一些体育专业主干教材对运动技能的定义的表述各不相同。《运动生理学》认为："运动技能是指人体在运动中掌握和有效地完成专门动作的能力，是在后天获得性基础上建立的复杂的、连锁的、本体感受性的运动条件反射。"《运动训练学》指出："运动技能是指个体或群体在体育活动中，按照一定的技术规格，有效完成专门运动技术的能力。"《运动生物力学》则这样理解："运动技能是练习者身体活动主要因素的合理组合和适宜匹配。"《体育运动心理学》的解读是："运动技能包括书写、跑步、体操、骑车、操纵生产工具等，即是指在学习活动、体育活动、生产劳动中的各种行为操作。"这些教材对运动技能界定的外延涵盖范围相对较窄，对运动技能概念的描述比较偏重其发生过程的外在特征，但针对性和可操作性较强。国外的许多学者对运动技能都曾经进行了定义，他们把运动技能定义为"作为练习功能和经验而发展的动作能力""运动技能是达到专门目的或任务而进行的高规格的动作表现""运动技能是习得的，能相当精确执行且对其组成的动作很少或不需要有意识的注意的一种操作"等。

通过上述对运动技能定义研究的分析，可归纳出：运动技能是通过后天学习而获得的，而不是先天固有的；运动技能是在神经网络、内分泌和免疫系统控制下的一种习得行为，须通过重复练习、强化而改进；运动技能是由知觉、动作、练习构成的一个完整的三维体系。

由此可见，运动技能的习得过程实际上是根据某种规则或要求对练习者所进行的生理、心理和社会的长期改造过程。因此，进一步了解运动技能的形成过程，探究运动技术的学习过程也是十分必要的。在体育教学中，无论学习何种类型运动技能，都要随着学习主体的感知和外显动作的不断改进，都要经过反复练习才能形成技能，进而达到强健体魄、愉悦身心、追求美感之目的。在这个过程中，运动技术的合理性和有效性会随着运动项目本身的发展、规则的变化、场地器材的更新，以及练习者运动能力的提高而发生变化。

运动技能与运动技术二者之间既有联系，又有区别。这里所讲技术和技能指学生参加身体活动或运动中的技术和技能。可以将"技术"理解为一个运动的某种方式，是一个客观和群体的概念，如"排球扣球技术"；将"技能"理解为某个人进行运动的能力，是一个主观和个体的概念，如"小李的扣球技能"。二者之间的关系表现为：一个人因学习了某个运动的技术而具有了该运动技能；一个人因学习合理的技术后而具有较好的运动技能。一个是学习的对象，一个是学习的结果，两者是一个学习过程的两个侧面。

（三）运动行为

人类运动行为的种类繁多，表现形式多样。了解其机制可以为深入认识运动技能的执行、表现、学习和控制的基本特征，提供理论支持。运动行为是研究人体遗传性和目标导向性动作表现的一门科学。它包括运动学习、运动控制和运动发展三个分支学科。其中，运动学习指人通过练习对技能性动作的掌握；运动控制以动作的产生、执行和控制过程及其影响该过程的各种变量为研究对象；运动发展指人的技能性动作表现随时间的变化和发展过程，它以人的机体生长发育与环境交互作用中所反映出的运动行为变化为研究对象。由此看出，三者研究的客体都是人的运动行为，但在发展方面却各有侧重。

实际上，要准确划分运动表现与运动学习二者之间的边界并不容易，因为它们之间的共同点较多，区别不明显。通常，运动表现是随意动作的外在形式，受动机、注意力、疲劳和身体状况等因素的影响；而运动学习是根据观察人相对稳定的运动表现水平而推断出来的。通过一定的运动学习能够影响运动表现的效果，而运动表现的效果又可以反过来影响运动学习的兴趣和持续强度，二者之间有着不可分割的关联，在运动技能的学习过程中一定要注意二者之间的相互影响和促进作用，合理运用彼此的相互促进因素，不断提高运动学习的兴趣，创造良好的运动表现。

（四）运动技能与动作学习

美国心理学家认为，运动技能是人类学习的五类主要的习得能力之一。运动技能与一般的简单运动条件反射不同，它是在本能和简单运动条件反射的基础上建立起来的更复杂的、连锁的、本体感受性的条件反射。有些运动技能对于我们来说是与生俱来的，只需要一点成熟经验就可以以近乎完美的形式表现出来，如咀嚼食物、对外界敏感刺激的反应，以及走、跳、跑、攀爬等都可以被看作人类的先天动作行为。可是，熟练地掌握其他动作技能则需要相当多的反复练习和专门训练，经过一定的努力和付出，才能更好地适应和利用生活、学习和工作环境，满足我们的多种需要。从这个意义上来说，我们的人生质量的一个重要标志，也是以能否对各种技能的顺利执行、表现、学习和控制为特征的，更不用说技艺精湛的高水平运动员，更需要特殊的专门技能。由此可见，运动技能是与我们日常生活息息相关的重要部分。

当然，人类运动技能的种类繁多，是以多种形式表现出来的，例如，在排球运动技能学习中，有时需要对人体大关节和大肌肉群进行协调和控制，如跳发球和扣球动作；也有时需要对人体的小肌肉群进行精细调节和爱；把握，如传球时手指对球的弹拨，垫球时的压腕动作。排球运动本身就是以运动技能作为表现自身水平的载体的。排球运动中许多动作技能既具有共同的特点，也存在显著的差异，这也构成了我们在学习和控制动作过程中关注的重点。不同运动技能之间存在一定的迁移现象，运动迁移有正迁移和负迁移之分，所谓的正迁移就是已习得的运动技能对学习另一种运动技能具有促进的作用，如排球运动中扣球时的鞭打动作与羽毛球运动中的杀球动作和网球运动中的发球动作具有一定的相似性，在学习中具有一定的正迁移。所谓的负迁移就是已习得的运动技能对学习另一种技能具有阻碍的作用，如学会了打网球再学习打乒乓球，学习了羽毛球杀球再学习排球扣球等，两种技能看似同类或很相似，使用的运动程序差异也不大，但正是这种相似性使人具有很强的依赖性，很难形成新的运动程序，所以在练习时表现出明显的干扰现象。运动技能迁移是客观存在的，在运动技能教学和训练的过程中应合理地利用运动技能迁移规律，充分发挥运动技能迁移的积极作用，避免负迁移的影响，使学生更快更精准地掌握新的运动技能，以提高学习效率、教学和训练质量。

二、运动技能的分类

在实用运动技能学一书中，杨锡让教授对运动技能的分类做了大致以下描述：

（一）按技术特点分类

按技术特点，运动技能可以分为周期性技能、非周期性技能、周期性与非周期性混合型技能三种。

1. 周期性运动技能特点

（1）完成动作不受外界环境的影响。

（2）基本动作环节是重复、千篇一律地完成相同动作。

（3）反馈信息主要来自本体感受器。

此类运动技能主要依据运动员本体感受器的反馈进行调节，而基本不受外界环境（场地、器材、对手）的影响，如游泳、跑步等项目。

2. 非周期性运动技能特点

（1）完成动作时，受外界环境的影响。

（2）基本动作环节是多种多样的。

（3）反馈信息来自多种感受器。

此类运动技能主要信息受到来自外界环境（场地、器材、对手等）的影响，据此决定采取动作的方式，如足球、排球、羽毛球、网球等项目。

3. 周期性与非周期性混合型技能

周期性与非周期性混合型技能具有二者共同的特点，如跳远等项目，前半程具有周期性项目的特点，后半程具有非周期性项目的特点。

（二）按动作的连续性分类

根据运动技能的起点和终点，把运动技能分为不连续性、连续性和系列性三种运动技能。

1. 不连续性技能

不连续性技能是指该项运动技能有明显的起点和终点，有明显的开始和结束，动作流畅、不停顿、快速，在很短时间内完成，如篮球的传球、投篮，足球头球等动作。

2. 连续性技能

连续性技能是指该技能的每个动作没有明显的开始和结束，要多次重复相同的周期性动作，动作越熟练，在每个动作环节所用的时间及动作距离的差异就越小。连续性运动技能的开始和结束较为随意，通常由动作的执行者或其他外界因素决定，而不是动作技能本身特点决定技能的开始或结束。而且连续性运动技能是重复性的，要求人在完成这个技能时重复一些动作。像体育运动中的游泳和跑步都可以看作是连续性运动技能，因为动作的开始和结束由动作的完成者而不是由动作本身决定。连续性技能一般在较长的时间内完成，而且大部分项目可以用计时的方式做出评价，因此评分比较客观、准确。

3. 系列性技能

把不连续动作组合在一起，可以成为一系列运动技能，如开汽车是一个很好的例子，因为其中由一系列不连续的运动技能组成，如启动发动机、踩离合器、挂挡，动作要按一定的顺序，把单个的不连续动作结合在一起准确地完成。

系列性技能介于不连续性和连续性技能之间，是由单个不连续动作组成连续的一套完整动作，如健美操的成套动作。

（三）按运动项目分类

1. 按完善技能的协调性和动作形式分类

例如，体操、跳水等项目。其特点是：

（1）运动成绩取决于动作的协调性、艺术性和动作的复杂程度。

（2）分数由裁判员主观评判。

（3）大部分动作属于非周期性动作。

2. 以时间评定运动成绩分类

例如，赛跑、竞走、自行车、游泳、滑冰等项目。其特点是：

（1）技术动作都以周期性运动完成。

（2）评定分数客观，由记录操作时间的仪器评判。

（3）运动员在单位时间内要发挥最快的速度。

3. 以发挥最大动作力量分类

例如，举重、投掷等项目。其特点是：

（1）在加速度不变的情况下增加重量，主要增大肌肉力量。

（2）在重量不变的情况下增加加速度，主要增大爆发力。

4. 按对抗技能分类

例如，拳击、柔道、击剑和对抗性的团体球类项目，其特点是：

（1）比赛环境千变万化。

（2）要求个体有良好的感觉、知觉和快速的应变能力。

（3）集体协作的能力。

5. 消耗神经能量大，身体能量消耗少

例如，射箭，射击，各种棋类项目。其特点是：

（1）在比赛和训练环境下，神经系统处于高度紧张状态。

（2）要求个体有良好的耐力，以及感觉、知觉和快速的应变能力。

（3）要求射箭、射击运动员上肢有强大的肌力。

（4）要求运动员有高度的自我控制能力。

6. 要求操纵工具完善的项目

例如，马术、帆船、滑雪、汽车拉力赛等项目。其特点是：

（1）决定胜负的往往是器械或工具。

（2）要求个体有良好的反应、平衡、耐力等特殊的素质。

（3）训练长时间的操纵能力。

7. 发展身体综合能力的项目

例如，男子十项全能、现代五项、女子七项全能等项目。其特点是：

（1）由于运动项目多样，训练方法困难。

（2）要求个体有良好的全面身体素质。

（3）注意发展多种运动技能的阳性迁移。

对以上项目的分类，可以了解各项运动之间的相关性，有助于训练计划的制订和训练工作的实施。

（四）按肌肉参与程度的大小分类

在体育运动中完成各种技能所需参与工作的肌肉群大小基本不同。根据完成动作时需要参与工作肌群的大小，可将动作技能分为小肌肉群动作技能和大肌肉群动作技能。

在完成大肌肉群动作技能任务时，人需要动用较大的肌肉系统才能完成动作。这类技能与小肌肉群动作技能相比，要求较低的动作精确度。例如，排球运动中扣球和鱼跃救球的腾空姿势等动作技能。

小肌肉群动作技能应该在分类连续区间与大肌肉群动作技能端相对应的另外一个端点上，这类技能要求小肌肉群的高度控制，尤其是指那些需要手眼配合和涉及高精确度手指、手腕动作的技能。例如，排球传球过程中手指对球的弹拨、扣球时的屈腕对球的推压。尽管有些小肌肉群动作技能中可能包含大肌肉群的参与，但只要在实现技能目标过程中小肌肉群的工作起主导作用，就可以把它归为小肌肉群动作技能。

有些动作技能需要大肌肉群和小肌肉群共同参与才能完成动作目标，这时我们不能把这些动作技能区分为大肌肉群或小肌肉群动作技能，但这些技能却能在分类连续体上表示出相应的位置，根据他们与两端的距离来判断其技能的类别。例如，排球运动中的传球、扣球时既需要手指和手腕的小肌群的精确控制，也需要手臂和肩部等大肌肉群参与工作。

三、运动技能的学习原理

运动技能的形成机制一直是运动科学领域高度关注、积极研究的重要课题。随着认知心理学对认知技能、知识结构、生态心理学和动力学系统理论的不断探索，运动技能学习理论和研究取得了卓越的发展。心理学家对动作技能的学习也提出了多种解释，在众多的解释中，可分为强调行为的、强调认知的和强调生态的三种基本不同的观点。

（一）习惯论

动作技能是由一系列动作构成的。那么，这些动作是如何联系起来而形成连续的动作系列的呢？习惯论主张用习惯来解释。习惯论认为，一种运动成分所产生的反应刺激，通过习惯的形成而与下一个运动成分联系起来。当习惯联结形成时，一旦开始某一动作，那么这种反应所产生的刺激就引发了另一个行为成分，从而使一系列动作得以流畅地执行。习惯在这里所起的作用不仅是将外部的刺激与一种反应联系起来，而且还将一种动作成分与另一种动作成分联系起来。习惯的形成遵从效果律，即通过奖励和惩罚来增强或减弱习惯的强度。

（二）认知观

20 世纪 60 年代以后，许多心理学家偏向于用认知的理论来解释动作技能的学习。在这些理论解释中，比较突出的是闭环理论和开环理论。

1. 闭环理论

闭环理论是由加拿大心理学家提出的。认为人的动作技能的学习是对反馈信息进行加工并减少错误的过程，并不是习惯强度的增强，换句话说，动作行为是由反馈机制控制的。当我们执行动作行为时，可以从肌肉与关节的感受器以及前庭器官中得到一些来自内部的反馈，此外，还可以从视听渠道获得一些来自外部的反馈。接下来，我们会把这些反馈信息与头脑中表征的预想达到的状态进行比较，当觉察到不一致时，便对当前的动作行为进行修改，以便达到或维持预想的状态。闭环理论强调反馈的作用，尤其适合解释相对缓慢或连续的动作行为（如开车之类的追踪任务）的习得与控制。

2. 开环理论

开环理论认为我们的动作行为受头脑中的动作程序控制，不涉及反馈信息的加工和使用，因而也没有觉察和纠正错误的机制。这一理论适合解释那些要作为整体而快速执行的动作技能的习得和控制。美国心理学家提出的图式理论是开环理论的重要代表。认为动作行为不是由具体的动作程序控制的，而是由一般化的动作程序（即图式）控制。一般化的动作程序是在一类动作的许多具体例子基础上经概括而形成的，它有一些固定不变的成分，如运动的顺序，也有一些参数或变量需要在动作行为执行之前或之中得到满足，如动作的执行要使用哪些肌肉。

（三）生态观

生态观点强调在动作的控制中动作执行者与动作发生的环境之间的相互作用，倾向于在自然的研究场景中研究动作行为。该理论认为，知觉和动作在机能上是密不可分的，由一些肌肉、关节和动作单元组成的动作系统调适于并直接受知觉状态的影响，而不是受计算性的、类似于小人的中枢脑结构所控制。

（四）动作技能形成的阶段与习得的指标

国外专家概括了较为成熟的人类学习动作技能的一般过程。他们的分析为进一步详细研究动作技能提供了基础。他们把动作技能的学习分为以下三个阶段：

1. 认知阶段

认知阶段也称知觉阶段。这一阶段主要是理解学习任务，并形成目标意象和目标期望。目标意象主要是指学习者对自己解决问题的目标模式反应和动作型式，在头脑中形成一个表象，即明确解决问题的目标模式。而目标期望则是对自己的作业水平的估价，即明确自己能做得如何。这两种期望都起着学习定向作用。

学习者在学习的起始阶段，首先要通过对示范动作的观察，对刺激情境的知觉，来形成一个内部的动作意象，以作为实际操作时的参照。而要形成这样一个意象，则需对线索和有关信息进行适当的编码。线索和信息的编码，可以是形象的，也可以是抽象的；可以是视觉的，也可以是语词的；可以是有意义的，也可能是孤立的。为了有利于形成目标意象，学习者通常用自己擅长的方式来对线索进行编码，也就是说，不同的学习者编码的策略与方式是不同的。儿童通常利用视觉表象进行编码，而成人则能够将视觉表象和语词联系起来，共同编码。在形成目标意象过程中，学习者不仅借助对现有任务的知觉和有关线索的编码，也借助先前的有关经验，这就是说，学习者通常还从长时记忆中激活有关信息，并有效地检索、提取出来。

在认知阶段，学习者不仅形成目标意象，而且还根据自己以往成功或失败的经验，依据自己的能力和目前任务的难易，形成自己作业水平的期望。这一期望既表现在质的方面，即动作质量的好坏上，也表现在量和范围方面，即能完成动作的多寡上。一般来说，有明确目标期望的学习，较之于目标期望模糊的学习更有效。

2. 联系形成阶段

在这一阶段，重点是使适当的刺激与反应形成联系。由于即使是一个简单的动作所包含的刺激和反应也非常复杂，所以联系的形成比想象的要复杂得多。例如，用英文打字机打出 man 这个词，学习者必须知道并打出每个字母，而且打第一个字母的反应又必须成为打第二个字母的刺激。用加涅的话来说，就是必须建立动作连锁。

在这一阶段，必须排除过去经验中习惯的干扰。例如，已经学会开汽车的人，在学习开飞机时，因为飞机的转弯是用脚操纵的，所以他必须排除用手转动控制盘的习惯。学会了简化太极拳的人，在学习打杨氏太极拳时，常常把简化太极拳中后坐的整脚的动作带到杨氏太极拳里来，而在杨氏太极拳中是没有这个动作的，因此，他必须努力去纠正这些习惯动作。

3. 自动化阶段

技能学习进入这一阶段时，一长串的动作系列似乎是自动流出来的，无须特殊的注意和纠正。技能逐步由脑的较低级中枢控制，人们可以一面从事熟练的活动，一面考虑其他的事情。例如，有经验的司机，在正常开车时，可以顺利地与别人交谈。上面所论述的熟练操作的特征，就是动作技能的学习进入第三阶段的特征。

研究表明，任何动作技能的掌握都是相对的。例如，有人对工业中的生产技能进行了长期的研究，发现雪茄生产工人的动作技能在四年多的时间内都在进步。这些工人要掌握一定水平的技能，必须经过大量的实践。例如，第一年工人生产一支雪茄需用 12 分钟，第二年降至 10 分钟，第三年降至 9 分钟。在第四年以后，工人的技能仍有缓慢的改进。许多体育技能的训练表明，一个运动员，要达到自己的最高水平，需要多年的练习。而要保持这一最高水平，同样需要大量的练习。此外，诱因的大小对技能的改进有很大的影响。国外对明星运动员给以重奖或高报酬，就是为了促使他们不断研究新技术，不断创造新的运动纪录。

四、运动技能学习的形成过程

动作的学习过程是从不会到会，再到熟练，作为体育教师和教练员应当掌握在动作学习过程中各阶段的特点及表现形式，在教学中才能有针对性的实施教法，从而提高运动技能的教学效果。

目前，关于运动技能形成过程的阶段划分还不统一，造成这种状况的主要原因是不同学科研究视角下有着各自的划分原则和标准，我们知道，运动技能是人脑支配下的一种运动行为，对它的研究涉及众多学科。

（一）四个时相划分及各阶段教学建议

目前，在体育院校所使用的运动生理教科书中，当写到运动技能形成的形成时，一直沿用苏联运动生理学家巴甫洛夫的高级神经活动学说，即认为运动技能形成过程分为泛化、分化、巩固提高与自动化四个阶段。运动技能从开始学习到形成熟练技巧，整个过程所分的时相，每个时相不能严格划分开，而是相互联系相互交错，是一个完整的过程。

人的随意运动是一种受意志所控制的躯体运动形式，是以条件反射为基础且受到整个大脑贮存信息所发动和控制的，有各种眼前的、过去的传入信息进入大脑综合分析而实现的。因此，条件反射学说认为运动技能的学习过程是建立复杂的、连锁的、本体感觉性的运动条件反射的过程，运动技能的形成是通过建立操作性条件反射来实现的。

运动技能的形成过程，其生理本质就是建立运动条件反射的过程，这一过程是由简单到复杂的过程，并有其建立、形成、巩固和发展的阶段性变化和生理规律，只是每一阶段的长短随动作的复杂程度而不同。根据条件反射学说，将运动技能形成过程分为泛化、分化、巩固和自动化四个相互联系的时相。

1. 泛化相

运动技能形成的开始阶段。学习任何一个动作的初期都只能获得一种感性认识，而对运动技能的内在规律并不完全理解。由于人体内外界的刺激，通过感受器（特别是本体感觉）传到大脑皮质，引起大脑皮质细胞强烈兴奋，另外，因为皮质内抑制尚未确立，所以大脑皮质中的兴奋与抑制都呈现扩散状态，使条件反射暂时联系不稳定，出现泛化现象。技能操作时不该收缩的肌肉也收缩，表现出动作僵硬、不协调、有多余动作、动作不连贯、能量消耗多等；学习者动作概念模糊，在模仿联系中，通过反馈逐步建立肌肉活动的本体感觉。

此阶段组织教学应注意以下几方面：①讲解要精简扼要，重点突出，建立粗糙分化。例如，跑的重点是途中跑，而途中跑的重点是后蹬，教师就应着重讲解后蹬技术，概括出动作的要领，即积极前摆，高抬大腿扒地，用力后蹬，三关节充分蹬直，这就点出了技术的关键，使学生建立正确的动作表象和完整的动作概念。②示范要正确，力求熟练准确，轻快优美，让学生一开始就对所学动作有一个正确的完美形象，从而受到动员鼓舞，以至于跃跃欲试。③重复练习适量，运动负荷适宜。这个阶段讲解示范和纠正错误的时间相对要多些，但也要保证学生有一定练习时间和重复的次数，才能形成动作技能，此外，还要有适宜的运动负荷，让量与强度很好地结合，以便有效地促进学生身体发展，增强体质。④简化动作要求，让学生神经兴奋不过于扩散。如跨栏跑，可降低栏高；纵向分腿腾跃，可降低纵峰。投掷可减轻器械的重量，篮球原地单手肩上投篮可采取一对一的对面投篮。⑤采用各种诱导性练习，让学生体会动作的关键。如学生学习挺身式跳远的空中动作时，可在起跳处加一个弹板，帮助学生增加腾空高度，在空中有更多的时间完成动作，加强保护与帮助，消除防御性反射。

在这个阶段教学中，应以讲解示范法为主，伴以练习，让学生体会动作的过程和要领，初步建立动作的概念。

2. 分化相

在不断练习过程中，随着初学者对该运动技能的内在规律有了初步的理解，正确动作概念的建立和本体感觉的不断准确，大脑皮质的兴奋和抑制在时间、空间上日趋完善和精确。由于抑制过程加强，特别是分化抑制得到发展，大脑皮质的活动由泛化阶段进入了分化阶段。因此，练习过程中的大部分错误动作得到纠正，一些不协调和多余的动作也逐渐消除，能比较顺利地和连贯地完成整套技术动作。这时初步形成了运动技能操作模式，建立了动力定型。但定型尚不巩固，遇到新异刺激

（如有外人参观或大型比赛等），多余动作和错误动作可能会重新出现。

此阶段中教师最好做到以下三方面。首先，精讲。一是利用直观教具辅助讲解；二是编出口诀扼要讲解；三是抓住关键强调讲解，如在教篮球原地单手肩上投篮时，学生做推球动作，教师应抓住全身动作协调用力和屈腕拨指这个关键讲解；四是利用力学原理指导讲解，如教单杠骑撑前回环动作时，结合学生已学过的转动动能原理，精讲骑撑前回环要领；五是运用比喻启发讲解。其次，多练。在相对固定的条件下，根据完成动作的基本要求进行反复练习，在保证动作质量的前提下，要适当地加大运动负荷，加量时一定要注意先增加重复练习的次数和时间，然后逐步加大练习的强度。最后，采用正误动作示范。用正误两种鲜明动作形象，引起大脑皮层进行分化作用，取消错误部分，巩固正确部分，这个阶段教学应精讲多练，以练为主，纠正错误，伴以正误比较法，让学生通过反复练习、思考，并在及时细致的帮助指导下，逐步消除动作的紧张及牵强、多余、错误的动作，从而形成正确的动力定型。

3. 巩固相

通过进一步反复练习，运动条件反射系统已经巩固，达到形成巩固性运动技能操作模式，建立巩固的动力定型阶段，大脑皮质的兴奋和抑制过程在时间和空间上更加集中和精确。此时，不仅动作准确、协调、优美，动作的细节准确无误，而且某些环节的动作还可出现自动化，即不必有意识地去控制而能完成动作。在环境条件改变和其他干扰刺激出现时，动作也不易受到破坏。同时，自主神经活动与躯体运动型神经活动的协调配合已成为运动技能的组成部分，完成练习时也感到省力和轻松自如。

此阶段中，教师应该积极变换练习法，变换动作的某些技术特征，如变速度、变速率、变换动作的形式。教师应强化动作细节，进行精细分化。如学生做低单杠翻身上动作而分腿，做单腿摆越而屈膝勾脚面，做转体90度下而屈髋等，在学生练习时，教师应多次强化这些动作细节，如垂腿、直脚绷脚面、伸髋，这样做才会使动作巩固，趋向完善优美。增强学生身体素质，提高身体训练水平。不断巩固动作技能，身体素质练习一定要安排合理。

在这个阶段的教学中，应以变换练习法为主，并把动作技能的教学与增强学生身体素质，提高身体训练水平有机地结合起来。伴以语言直观法，指出缺点，改进细节，通过反复练习，不断改进和提高动作质量，让动作技能不断完善，牢固掌握。

4. 自动化相

随着运动技能的巩固和发展，动作会更加熟练自如，暂时联系达到非常巩固的程度以后，可在"低意识控制"下完成运动技能，即出现自动化现象。但当环境变化使自动化过程受到阻碍时，动作又会成为有意识的参与动作过程。例如，排球运动员起跳扣球到拦网时的击球方式的选择。

此阶段，在教学训练中应注意充分利用第二信号进行强化刺激，在动作自动化后，第一信号系统的活动经常不反映到第二信号系统中来，做动作往往是无意识的活动。所以教师对正在练习的学生可采用语言、信号等有意识地强化刺激，使之成为有意识的动作，从而进一步改变动作质量。在练习中，对正确优美的动作用正确、好、很好等简单的语言给予肯定，促使学生大脑皮层正确动作条件反射活动更强化，从而使其动作技术更完善巩固。还可以运用循环练习法，加大练习密度和运动量，不断巩固运动技能，发展身体和增强体质。循环练习的内容选择要服从教学任务，为了发展某项身体素质，加强主教材的作用，可选择与主教材性质相同的练习；为了帮助巩固主教材的基本技术，可选择与该技术有关的练习，或直接用该教材组成循环练习。循环练习在教学顺序上安排要合理，要合乎人体机能逐步上升一稳定一下降的规律。如以巩固某些运动技能技术为目的，可安排在技能、技术教学过程中进行；如果有一半是以提高身体素质为目的，可安排在主教材完成以后进行；循环练习的选编要注意原则。强度小的动作结构简单的安排在前，强度大的动作结构复杂的安排在后；动作外形相似，但实质不同的两个动作不要编排在一起；一堂课有两个教材，都安排了一些诱导性和辅助性练习，这样应分别进行两个小循环，避免大脑皮层兴奋性互相干扰，有利于技能的巩固。亦可采用竞赛法，激发学生的学习兴趣，调动学生的自觉性和积极性，进一步巩固技能。运用竞赛法的形式是多种多样的，如教学比赛，测验比赛等，运用竞赛法，组织工作要严密而竞赛规则要简单。

这个阶段的教学，应以循环练习法和竞赛法为主，并充分发挥第二信号系统作用。通过反复练习，不断发掘学生身体素质，提高动作技术、技能水平，以及在复杂的比赛条件和相互竞争的情况下，合理运用动作技术、技能的能力，并培养学生坚韧不拔、勇敢顽强、克服困难和自制能力及集体主义精神等优良品质。

运动技能形成过程的四个时相是一个连续的过程，各时相之间并无明显界限。在体育运动实践中，运动技能形成过程并不是截然划分的，而是逐渐过渡的，每一时相出现和持续时间也无固定的长短，在许多情况下，某个时相可能不存在。技能形成过程的时间长短，受许多因素的影响，如动作的复杂程度、身体机能水平、已有运动技能数量、教学方法和训练水平等因素有关，又与学习者的学习的积极性和目的性有密切关系。因此，这种阶段划分的指导意义不强，缺陷表现日益明显。

（二）两个时相划分及各阶段教学建议

有学者研究指出，目前，另有一种把形成运动技能过程简化为两个时相的方法，即粗略学习时相（感知动作）和精细学习时相（联合、巩固动作）。这样划分在目前还缺乏实验性的研究资料，也不可以进行直接测量，做量化分析，但是却可以避开一些特殊术语。

1. 粗略学习时相

在学习运动技能的初期，因为初学者从来没有感受过这些新异刺激，对大脑皮质来说，还只是认识和感知的初步过程，经过大脑皮层的分析，还不能精确的指令效应器。因此，学习者在初学动作时，外部表现是动作不准确、不协调、有多余动作、动作不连贯、没有节奏、更缺乏韵律感。

2. 精细学习时相

杨锡让教授研究认为，随着学习者的反复实践，通过反馈机制对所学动作初步领会，运动技能会逐渐改善和熟练，输入的信息在大脑皮层内的分析能力逐渐精密，能准确地把信息输送到效应器，肌肉能按照动作要求和程序，有节奏地收缩和放松，会使动作准确地连起来，多余动作减少，动作协调、省力，同时，在实践过程中对动作的概念和要领逐步明确，因此，用语言可以更轻松地进行描述，在这种情况下，学生甚至可以下意识地完成动作。例如，经过一定时间的排球垫球练习，学生对于垫球的基本准备姿势、动作要领、注意事项都能够准确地掌握，经过反复的练习，学生对垫球技术的掌握程度会逐渐趋向于稳定、成熟，从而建立稳定的动作技能状态。

3. 运动成绩提高的规律

在学习新技术的初期，过去已经掌握的与新技术有关的相似环节动作经验，具有迁移作用，有助于新技术的掌握。但是到了后期，随着运动水平的提高，对运动反射的精确性的要求越来越高，与运动初期形成的运动条件反射差距很大，这就相当于需要重新建立新的运动条件反射。

这就引发人们对迁移的思考了。任何技能都是经过反复练习而形成的，各种技能的练习进程都服从于某些共同的规律，由于不同技能之间既存在共同的因素，也有不同的因素，因此一种技能就可能对另一种技能产生影响，从而发生技能的迁移。根据是已掌握技能对新形成技能的影响，还是后继技能对原来所掌握技能的影响，迁移有顺向和逆向之分。根据技能之间相互影响起的是促进还是干扰作用，上述两种方向的迁移均有正值和负值之分，即所谓的正迁移和负迁移。必须指出，负迁移一般都是暂时的，经过练习和训练比较容易克服，所以在教学实践中，教师应在避免和消除负迁移的同时，充分利用迁移规律，促进正迁移的实现，以提高教学效果，达到教学目标。

在学习新技术的初期是粗糙的分化，而到后期则要求进行精细的分化。技术水平越高，分化的精确度就越高，因此，这种分化抑制的建立也就越困难。

此时不仅要求教练员须理解技术动作和掌握分析动作的方法，还要了解运动员技术特点，明确技术训练过程。运动员在学习技术动作的开始阶段进步较快，随训练年限、水平增高进步幅度越来越小。技术训练要按个人身体特点练习。练习前，要确定学习目的、训练目标，要考虑运动员个体差异，区别对待，分组训练。初学阶段技术训练目的是培养粗略动作，教法主要采用示范和讲解，每次训练后，队员应对动作留有完整痕迹，多次训练后这些痕迹应在大脑中固定下来。初学技术很重要，也就是说运动员第一阶段动作定型的重要性大于以后练习，如开始动作不规范，并在大脑皮质内形成动力定型，对以后动作改进不利。正确做法是：进行完整动作练习时，也应采用分解法练习，注重技术动作的重要环节。提高阶段的目的是对动作进一步规范，教学时可向队员讲解一些知识，反复练习，提高动作质量。熟练阶段的目的是培养运动员有自我纠正错误动作的能力，逐步提高技术的稳定性和自律的程度，注意技术训练和自身训练相结合，进一步提高运动水平及技术能力。

运动技术的掌握和提高是建立在一定的身体素质基础上的。在学习新技术的初期，可以充分利用原有的素质基础，而到了后期，随着运动水平的提高，对身体素质的要求也越来越高，而发展和提高身体素质是需要时间的。

技术分析方法有两种，即生物力学分析和观察分析。技术分析通过计算、设计而成，但却没人达到全优模式。技术模式是通过对多名优秀运动员研究，发现其技术的共同特点。每个运动员都应掌握技术的这些特点，同时，应保持自己的技术特点。技术能力是技能的主要特征，但在评价技能时不能只评价技术，技术只是一些运动模式的产物，运动的效果是很重要的，因为技能主要就是通过在特定情景中达到特定的目标的能力来体现的。

所以，教练员在训练中要合理地安排技术训练。应知道如何判断和测量运动项目的技术特征，对运动员掌握技术情况进行分析，以便及时对动作进行修改。同时，提高力量并不等于能增加速度，一定要具备良好的技术。力量、耐力、速度、灵敏、柔韧等各个运动素质都是由人体的肌肉活动表现出来的，肌肉活动的基础是在中枢神经系统的控制下，以一定的生理和生化反应来实现的。所以，在发展运动员某一运动素质的同时，都会或多或少，直接或间接地引起另一素质的变化。技术不改进，力量越大，阻力越大。在教学和训练过程中，要不断推陈出新，使运动员更快提高技术水平和运动成绩。

运动成绩的提高是螺旋上升的，因而运动训练总是分周期的。运动成绩是身体素质、技术、战术、心理等因素的综合表现。周期性运动是人体内在运动的结果。运动员在精力、体力、心理、智力、技能等方面，经过准备、基本功、综合训练期、恢复期逐步积累了为完成比赛所需要的能力，经过一次比赛把这次积蓄化为一种表现形式——高水平成绩，从而完成了这个周期的任务，使技术水平得到提高。它同时受季节性气候、运动员的身体素质、比赛任务等三个方面的影响。在周期训练中把高潮安排在比赛中，是训练的核心。运动周期可分为准备期、基本功期、综合训练期、比赛期、恢复期等五个阶段。每一个周期训练，在不同的训练水平上，都存在一个构成运动成绩的诸因素重新综合的问题。这种综合实质上是要求重新建立更高水平的运动条件反射。以跳远为例，要提高成绩，就必须发展素质，当素质得到发展以后，就要求技术动作相应的改进，以利于提高了的素质得到充分的利用，有效地提高成绩。这一过程当然要比单纯的学习和掌握跳远技术困难得多，所需要的时间也长得多。

从心理因素上来分析，初学动作时，学习和教练方法都比较新颖，容易激起学生的学习兴趣，加之学习效果比较明显，因而容易激发学生学习的积极性，从而加速了掌握技术的进程。而到了改进和提高阶段，练习内容、手段大都是重复的，可直接感知的学习效果减少了。因而这些因素容易使学生产生单调、枯燥以致厌烦的感觉，从而形成消极心理，影响学习效果。广泛地讲，影响学生学习技能的心理因素有很多，但与运动成绩密切相关的心理因素不外乎运动动机焦虑、注意和运动技能的获得与控制等。

在对动机的研究领域中，近年来一种新的理论不容忽视，即动机毁灭理论。在研究个体的行为过程中人们发现，当个体感觉到自己的努力或付出急剧增加时，自己的成绩或所得到的回报却没有明显的改变，这时，他的动机水平会急剧下降，这种现象被称为动机毁灭。在竞技运动中，这种现象也时有发生。焦虑与运动成绩的关系问题一直是运动心理学研究的热点问题，目前，普遍接受的理论是过程效能理论。过程效能理论认为，当主体处于焦虑情景时，其信息处理能力将会受到影响，进而可能影响其运动操作水平的发挥，这种影响可能是积极的，也可能是消极的。由此可以看出，过程效能理论更注重对产生焦虑的心理过程进行研究和描述，是一种典型的认知理论。按照该理论，运动主体在高焦虑和低焦虑状态下，其运动发挥水平可能会保持相对稳定，但在高焦虑状态下，主体需要付出更多的努力以维持操作水平。在某些情况下，焦虑水平的升高促进了运动成绩的提高是因为焦虑导致了运动主动权水平的提高。技能控制与学习是研究个体学习与控制自身运动技术动作的方法与机制的一个心理学领域。运动员的学习与控制运动技能的能力对他们的竞技运动成绩有着重要的影响。人类学习的知识有陈述性知识和程序性知识之分，对运动动作的控制主要靠程序性知识来完成。在学习复杂运动技能的过程中，掌握完成技能的程序性知识是学习的首要任务。这一步的学习与其他类型知识的学习有着共同的规律。在掌握了程序性知识之后，学习则需将程序性知识与自身的动作发生联系，最后再经过不断地练习，使动作熟练而自动化。

4. 运动技能的学习策略

（1）对提高大学生运动技能策略的认识

在影响大学生运动技能学习的因素中，除了智力水平、知识基础、学习态度、身体素质等众多因素外，还有学习策略因素。学习策略是衡量个体学习能力的重要尺度，是制约学习效果的重要因素之一，是进行有效学习的工具。教学成绩与学习策略之间有显著的正相关，学习策略的应用能有效地提高学生的学习成绩，学生能否选择适当的学习策略，并加以应用，直接决定着他的学习效率。在体育领域，有关运动技能学习、教学等策略也逐渐引起体育领域的专家、学者以及教育工作者广泛的关注，各种研究成果相继问世，并且趋向范围广泛、层次深刻。应用各种学习策略提高学生学习效率的研究，是当前体育教学改革的发展趋势。

（2）学习策略与教学策略的关系

国外许多大学都采用相应的学习策略教学计划和教程，逐渐开设了学习策略教学或指导课。著名的有琼斯、艾米伦和凯蒂姆斯的学习策略指导教程、丹瑟路的学习策略指导、温斯坦的认知学习策略教程及赫伯的内容指导教程等。这些指导计划或教程，都注重从教育学和心理学的理论高度对大学生的学习方法给予指导，使大学生在学习过程中学会如何学习，促使其进行"认知反思"，这预示着进行学习策略的教学和训练是大有可为的。教学策略注重的是最佳步骤、最佳方法的实用技术问题的研究，正如格拉塞所言："策略如同知道如何做饭或知道如何行船一样，同属一种知识范畴。"这就是说，教学策略必须解决"如何教"的关键问题，这对于广大教师是最具实用价值的。

体育教师在教学过程中要帮助学生灵活运用归因策略，要针对不同的学生采用不同的策略，在不同的场合给予不同的归因反馈，其最终目的是为了保护学生对成功的良好期待，是为了使学生对自己的能力充满信心，促使其产生有效的成就动机，从而提高自我效能感。高学习效能感学生的练习欲常常能被高教学效能感教师准确的归因言语所激活。自我效能感高的学生往往能有效地调控自己的学习行为，将注意力集中到学习对象上，自觉克服学习中的不利因素，从而取得满意的成绩，他们能把困难当作挑战，将注意力集中于现实情况的要求上，他们能被障碍激发出更大的能量，还会把课上和平时学到的技术立即应用于练习之中。他们往往有克服困难的毅力，这也决定了学习活动的实际成就，例如，高原现象、中长跑中的极点现象，无不对学生的意志力提出考验，而高学习效能感学生坚信运动成绩取决于他们能够控制的那些因素之上。

（3）提高学生完善学习策略的能力

学习效能感高的学习者往往为了提高学习效率与学习效果，有目的、有意识地制订关于学习过程的复杂方案，它不仅包括具体的认知方法，还包括学习者对整个学习过程的调控行为。学习效能感高的学生比低的学生会更好地使用学习策略，学习的坚持性更高。他们不但乐于制订学习计划，而且积极训练，认为只要自己努力，就能达到锻炼或训练目的。因而他们热衷于各种体育活动，并积极主动地配合体育教师做好课前准备，例如，他们能把训练时遇到的困难归好类，做到带着问题听课；课堂上能主动适应体育老师的教学方法，积极参与练习，有的课后还及时和教师谈自己的学习体会。许多学习动机因素对学生学习的激励作用，是通过影响学习策略运用而间接起作用的。学习策略运用好的学生能督促自己按计划锻炼与训练，相信通过努力，一定能够实现预定的锻炼目标。所以体育教师有义务为学生制订近期学习计划和修正中期学习目标，最终使学生真正学会锻炼身体的方法，为远期的终身体育做好充分准备。

（4）运动技能教学中学习策略的提高途径

①教师指导

第一，教师在教学中应采用多种教学方法与手段使学生在多种学习的方法中找到适合自己的一种，并在不断的练习中逐步形成自己的学习策略；第二，还需要有目的地将学生调整到适宜的学习状态，学生的感知与领悟能力才得到充分地发挥；第三，针对学生的个体差异设计有效的学习方法，使学生明确自己的优势与不足，从而确定自己相应的学习策略；第四，帮助学生选择有效的学习策略，使学生在不断地举一反三的学习中形成各自的学习策略体系；第五，坚持培养的长期性，应不断地有计划地引导学生的学习进入探索与追求状态中，将会对其学习策略系统的形成和提高产生积极的影响。

②启发与诱导

教师应启发学生充分地利用这些技能与技巧，依据各自的具体情况，针对学习过程中的有关问题进行针对性的思考与练习，从而达到掌握运动技术的目的。为此教师应该在教学过程中多设计一些"为什么要这样？""怎样才能这样？"的启发性情景提问，让学生在自我学习与练习的过程中寻找问题的答案，理清学习过程的思路，体验成功的过程，从而不断提高自己特有的学习策略。

③分析与纠正

教师在常年的教学过程中总结出：发现错误——分析错误——进行纠正，这样一种基本教学思路，但这一思路作用于学生的学习时，学生的心态往往是被动服从式的，出现错误只是等教师来帮助纠正，从而形成了一种依赖型学习思维。在教学中，当学生产生错误时，教师不妨只是指出其错误的表现形式，根据这一思路：明确告之错误——引导自我分析——协助自我纠正。引导学生自己去分析问题，教师此时只是给予一些思路上的启示，学生在纠正错误过程中遇到困难时，教师可以给出多种纠正方法，使学生在不断领悟错误所在和有针对性的练习过程中，形成自己的学习策略体系，继而不断改进与提高。

④自我体验

运动的乐趣在于嬉戏与竞争，运动的功能在于健身与育心，学习运动技术的目的更多的在于应用到运动实践中。因此在教学过程中应引导学生积极参与各种运动实践，在实践中发现不足，针对自身的不足，进行有针对性的学习，在学习过程中不断运用已有的各种学习策略，对相应的技术进行改进，通过对技术的改进获得成功的体验，形成相应的动作技能学习策略，而这样学习策略的形成所产生的内隐性心理体验更加强烈、更为有效。

⑤运动技能教学与训练策略的关系探讨

怎样进行运动技能的教学与训练，从而促进学习者运动技能的形成，是理论与实际工作者均关心的问题。寻求高效能的教学与训练策略，必须从两方面着手：一方面，是深入运动技能学习的研究；另一方面，是怎样构建高效运动技能学习的方法体制。后者包括编撰教材，根据社会制度选择高效的组织学习训练的途径，研究有效的运动技能的训练方法，制定评价测量体系。常见的运动技能训练方法有模式化训练方法、行为主义训练法、认知训练法、模拟训练法等。

第二章 体育教学内容的选择与编排

体育教学内容的选择与编排是体育教学设计的重要组成部分，而体育教学内容的合理选择与编排将直接影响到教学目标的实现。在新《体育与健康课程标准》中，改变了以往《体育教学大纲》中对教学内容的硬性规定，以理念引领总目标，把领域目标作为核心，对体育教学具体内容与编排进行更符合实际的指导。充分展示了体育教学内容选择的"开放"和"放开"的这一新思路，这是针对体育教学内容选择较为保守与传统思维方式的变革，也是将教学内容选择权交给学校和处于一线教学的教师的契机。

第一节 体育教学内容的结构特征

现代体育已形成了面对整个社会，能满足人们多种需要的社会活动。它的价值功能体系已经远远超出了人们对体育的传统认识范畴。学校体育再也不能只局限在对学生进行现阶段的生物学改造和运动技术学习的应试教育的层面，而应着眼于提高体育素质，传播体育文化，向着保健、教养、娱乐、竞技、个性化等多维价值取向发展。从系统论的观点来看，功能是由结构决定的。学校体育教学内容的结构以及学校体育工作者对其把握的程度，是能否实现学校体育整体功能的关键。

一、学校体育教学内容的内部结构与外部结构

系统理论告诉我们，认识一个系统只进行元素分析是不够的，还必须进行结构分析；改革一个系统只靠更替元素也不行，还必须进行结构的调整和改革；看一个系统的作用，只进行元素的功能分析是不可靠的，还必须进行整体功能分析。因此，对学校体育教学内容的研究和改革，不能只停留在运动项目作用、功能的分析或进行单一项目的增添、消减上，而必须对其整体结构及功能进行研究。结构就是构造或构成。所谓学校体育教学内容结构，是指学校体育教学内容体系的组成形态及其内部因素的关系形式。其"组成形态"表现为外部（表面）结构，即田径体操、球类等项目的分布、比例搭建起来的结构；其"内部因素关系形式"表现为内部结构，即知识、方法、技术或固有的健身、竞技、保健属性所形成的结构。以往我们对学校体育教学内容的研究偏重于各项目的选择分布等外部结构，过多地考虑"保持运动项目的固有特点和系统性"，忽视了对其固有属性等内部结构的研究，从而造成内

容的选择以项目为主体,学段的衔接以技术为主线,以及在教学活动中从运动项目出发,最后归宿于运动技术本身的教学状况。

现行学校体育教学理论,忽略了对教学内容本质功能及各内容之间内在联系规定性的研究,致使内容往往代表的是技术、技能,而对其拥有的本质功能视而不见。例如,在"跑"教学中,往往与"起跑""疾跑""途中跑""冲刺"的竞技技术紧密联系在一起,而忽视了它拥有的竞技、健身、娱乐、保健功能。体育的健身、竞技、保健功能是学校体育教学内容内部结构的反映,从而形成了以健身、竞技、保健为主的教学内容结构。学校体育教学内容结构的功能,是由它们的共性和个性及表现反映出来的,至于能否实现还受到外部环境条件的制约。学校体育教学内容所反映出的功能,并不是不分轻重主次地均等实现,而是要根据学校教育的总目标和学校体育目标的要求,对健身、竞技、保健内容予以调整,分出层次,形成合理的结构,从而发挥体育教学的整体功能,实现学校体育的目标。学校体育的本质功能是促进学生的身心健康发展,这是无可非议的;学校体育的第一位目标是发展身体,增强体质,这也已达成学校体育教学内容结构无疑是把具有能达到增强体质、促进身心发展功能的内容作为主要内容,形成以促进学生身心发展为主干的内容结构。这样,教师对"跑"这一教材的处理,不只局限在"起跑""途中跑"等竞技范畴,而拓展到健身、竞技、保健合理配置的框架内。从而,从根本上防止竞技技术教育的局面,保证体育教学整体目标的实现。

二、学校体育教学内容的层次结构分析

现有的体育教学内容,从实践部分来看,是按运动项目技术形成发展的顺序予以安排的。如跳高,从跨越式到背越式按跳高的技术发展顺序在不同的学段形成了教学内容,它只表明运动技术发展的层次性和系统性,是竞技技术体系的体现。学校体育教学内容的层次性主要应根据内容作用于对象的特点,结合教育规律、认识规律,把学校体育教学内容划分为"一般性""基础性"、"专门性",使之形成递进层次的关系。一般性是指具有体育整体概念和包摄性的知识与运动方式。

对学校体育教学内容划分成不同层次,其特点是从一般到具体,从包摄性到专门性。一门科学变成教学内容,必须遵循人类认识规律,即人们认识新事物的自然顺序和认知结构的组织顺序。教材的呈现应遵循由整体到细节的顺序,即把包含体育整体概念的一般知识和一般运动方法在学生头脑中形成认知结构的顶点,再进行分化成为专门知识和技术、手段。这样不仅符合青少年身心发展的特点和认识规律,还有助于教师把握教学内容的深浅度和细致度,有利于不同学段体育教学内容的自然衔接,并保证教学内容的科学性。

三、学校体育教学内容的知识、方法、技术结构

根据教育分类的思想，对体育教育的目标进行分析，可以将所有的体育教学目标分成达成目标和方向目标。体育教育的达成目标主要是认知领域的知识的理解掌握程度，精神运动领域的技能技巧的学习习得效果以及身体领域的素质、机能的发展。教育理论告诉我们，教育的培养目标是通过具体的教学内容体现出来的。因此，学校体育教学内容应反映出与体育教育达成目标相对应的内容，即认知领域中的体育基本理论及卫生保健知识，精神运动领域中的运动技术技能和促进素质、机能发展的方式方法。从学校体育达成目标来考虑，知识、方法、技术是构成学校体育教学内容的主要三大因素。学校体育的第一位目标是发展身心，因此，相应的方式方法也就自然成为学校体育教学的中心内容。从这个意义上来讲，知识、技术在一定程度上是为方式、方法的应用发挥最大的效能而服务的。也就是知识技术不像方式、方法那样与第一位目标的关系直接，它们除有自己的功能作用外，同时，也有促使第一位目标达成的作用。至于局部纵向的知识、方法、技术结构，也应与学校体育教学内容的知识、方法、技术的总体结构一致。例如，田径项目的内容应以走、跑、跳、投的方式方法为主，而知识、技术应以方式方法的更有效性为基础，同时，与方式方法相互作用共同完成学校体育的总目标。

学校体育教学目标的达成是通过内容的实施得以实现的，学校体育教学目标根据社会的需要，教育、体育的要求等形成了不同的层次结构，并随之发展变化。这就要求学校体育教学内容与之相适应、相协调，才能达到与一定时期相匹配的目标。综上所述，内容的选择和确定不应着眼于内容本身的性质、特点、应用范围等，而应符合学校体育目标结构要求；不应强调单一内容的价值功能，而应从不同内容所形成的结构出发。对学校体育教学内容结构的深入研究，有利于我们正确认识掌握合理的体育教学内容结构，明确教学内容的表面形式与教学内容的结构、功能的关系。在体育教学改革中，以结构功能的观点来选定、安排教学内容，从根本上改变体育教学的竞技教育局面，防止对体育认识的片面性、单一化。学校体育教学内容只有形成以发展学生身心和以方式方法为主干的结构，才能使体育教学内容所发挥的功能与学校体育的目标趋于一致，从而发挥体育教学的整体功能，达成学校体育的总目标。

第二节　体育教学内容的选择原则

一、体育教学内容的科学选择是课程基础，更是课程研究的历史难题

教学内容的科学选择是体育教育工作的第一基础工作，是体育课程研究的重要

工作之一。换言之，如果没有科学的体育教学内容的选择，那么，科学的体育课程研究就无从谈起，体育教育工作也无从做起，体育教育的科学化无从说起，未来体育教师无从培养起。因此，体育教学内容选择的依据、原则和方法是体育教育的永恒性课题，是每个体育教师都应该认真思考的问题，在当前体育与健康课程教学改革不断深化的形势下，体育教学内容的精选和优选更是非常重要的重大课题。

体育教学内容的科学选择是一个看起来不难但做起来却是很难的历史难题。在过去的体育课程建设中，我们不断遇到体育教学内容选择的困惑，在当前体育与课程改革之中，我们依然深切感到来自体育教学内容选择的困扰。体育教学内容的正确选择与否成为了体育课程改革能否健康发展的关键问题。今天我们依然在讨论体育教学内容选择的依据问题，我们依然不能完全说清楚这个问题。可见，体育教学选择的问题是一个大难题。

本书认为体育教学内容选择问题之所以难，主要难在以下几点：①体育教学内容的后备军太多，太纷杂；②人们判断好体育教学内容的视角和标准很多；③体育教学内容的内在逻辑性和发展性不清；④地方文化和场地器材条件的差异使选择标准的具体性更差；⑤时代的变迁对体育教学内容的变更影响巨大；⑥体育教学内容选择的理论研究薄弱。

二、对选择体育教学内容的依据、原则与方法的确认

（一）关于选择体育教学内容的依据

依据是选择教学内容的根本理由，是课程目标和教学内容之间的逻辑关系。从课程总目标而论，体育教学内容选择的依据应是"学生的体育全面发展"。而在当前的历史条件下，"学生的体育全面发展"应该是以"学生终身体育锻炼的实现"为核心内容的，而"学生终身体育锻炼的实现"则主要依托于：学生能较好地掌握1~2项运动技能，并大致掌握4~5项运动技能；学生能知晓足够的、可满足体育锻炼和观赏需要的知识原理；学生在身体各发展期都能得到相应的锻炼和养护，它们的身体具有较好的体能和适应性；学生通过体育学习可以充分体验到运动的意义和乐趣，形成参加体育和实现健康生活的志向。如果用比较通俗的语言来概括的话，就是"学懂""学会""学健""学乐"四个主要课程目标。这是四个体育教学效果评价的视角，当然也是选择体育教学内容的四个依据。换句话说，选择任何一个体育教学内容时，都要看它是否有利于学生的"学懂""学会""学健""学乐"。

（二）关于选择体育教学内容的原则

只有依据，只知道目标和内容之间的逻辑关系，还不足以选择出好的教学内容，因为各教材在目标和内容的逻辑关系方面的强弱程度也不尽相同，具有了目标和内

容的逻辑关系仍不能成为好教学内容的知识技能也很多。例如，铅球教材具有目标和内容的逻辑性，但却在健身价值、实用价值、文化价值和乐趣价值方面都不很好，因此，它不便被选为体育教学内容。又如，实践已证明高尔夫是一项很好的终身锻炼与观赏的体育运动，具有目标和内容的逻辑性，但由于学校教学条件限制、使它的教学条件可行性很差，也不能选为教学内容。因此，要选好体育教学内容还要有一些基本要求，也就是原则，来帮助我们进一步判断教学内容的优劣。本书认为选择体育教学内容的原则应有如下几个：

1. 教育性原则。即要选择教育意义最强的、最健康的、最正面的，最有利于良好精神与行为培养的教育内容之要求。

2. 健身性原则。即要选择健身价值最高的，锻炼最全面的，最符合学生身体发展需要，最符合他们年龄特点的内容之要求。

3. 乐趣性原则。即要选择学生最感兴趣的，体现项目乐趣特征最明显的，学生体验乐趣和成功比较容易的内容之要求。

4. 文化性原则。即要选择与当地终身体育活动最有关联性的，最反映地区文化特色和民族体育特色内容之要求。

5. 可行性原则。即要选择与学校体育场地、器材、师资等条件最为贴近的内容之要求。

（三）关于选择体育教学内容的方法

有了依据，有了原则之后，还需要选择体育教学内容的工作及其程序。要明白什么是选择体育教学内容的必要工作，明白应先做什么后做什么。本书认为体育教学内容选择的工作应注意以下三个方面：

1. 广泛地了解运动项目和体育游戏。无论是课程专家还是体育教师，要想选好体育教学内容，就必须知道有哪些可以选为体育教学内容的运动项目和体育游戏，例如，现在有许多新的运动，有小棒球、定向运动、排舞、啦啦操、踢踏舞、小网球、花样跳绳、三门球、轮滑、跆拳道、橄榄球等，还有形形色色的接近运动项目的体育游戏、民族性体育活动、趣味性身体练习，当然还有健身知识、安全知识、保健知识等，都需要进行全面的了解和学习。如果没有广泛的了解，而只是在一个狭窄的视野里思考和选择，势必不会有好的效果。

2. 对初步选定的后备教材进行判断和取舍。当初步选定了一组或几组教学内容以后，要根据教材的原则进行取舍，以便选出最好的教学内容。本书认为，判断和取舍的顺序可按照"与教学目标统一性原则（目的性）"—"科学性（健身性和安全性）原则"—"可行性原则"—"趣味性原则"—"与社会体育和地区体育特色相结合原则"的先后进行。

3. 深入研究教材，进行教材化的工作。当选定某个项目或游戏等为教学内容后，要继续深入分析该教材的特点，例如，技能学习的难点、运动负荷性质和健身功能、乐趣体验特点、社会性培养意义、所需条件、教学方法等，根据这些分析进行教材化的工作，并在这个工作中确认该教材的意义和价值，必要时还要回到第二个阶段进行重新筛选。

三、选择和确定体育教学内容的权限所属

过去在讨论体育教学内容选择问题时，我们往往缺乏"谁来选""谁能选""什么人在什么范围内选""在不同的体育课程管理体制下选教材的人是谁"等问题的讨论。

其实，体育教学内容的选择是由不同身份和能力的具体体育人群来进行的，也就是说，并不是所有的体育教育工作者都有相等的选择内容的义务和权利。选择教学内容的权利与义务分配，是与不同体育课程管理思想、体制有内在关系的，本书认为，我国的体育课程管理大致可以分为"基本统一型""灵活统一型""绝对灵活型"和"统一指导型"，在不同的管理体制下，其体育教学内容选择的权限也各不相同，优点与不足也不同。

在"基本统一型"中，基层体育教师少有选择教学内容的权利，体育教学内容的选择是体育专家和学者所关心的事情，教学内容选择标准也掌握在他们手中。这种内容选择方式的优点是：①选择背后的理论研究基础较好，科学性较强；②可以充分考虑国家基本状况，内容相对协调周全；③有利于全国体育教学内容的统一性和规范性；④由于内容明确，有利于教师专注教法研究；⑤教学质量评价相对容易；⑥教师的培养培训目标和内容清晰。"基本统一型"缺点是：①各地教学内容的因地制宜有困难；②与地方体育文化的融合有一定困难；③不利于教师全面参与体育课程建设；④有时候操作性较差。

"绝对灵活型"基本上是和"基本统一型"相对立的课程理念和教学内容管理方式，是在体育和艺术等内在逻辑性不强并有大量"后备内容"的学科才有可能进行的管理方式。在这种管理体制下，体育专家和学者放弃了对体育教学内容的选择、规定，也基本放弃了对体育教学内容的指导，权力下放到了基层体育教师手中，当然内容选择标准也掌握在教师手中。这种内容选择方式的优点是：①实施得当，会有利各地各校因地制宜地选编教学内容，有利于体育课程与地方体育文化的融合；②指导得当，会有利于体育教师全面地参与体育课程研究；③有利于形成地方和学校体育特色以及有特色的校本课程；④有利于标榜课程的民主性。但是这种方式也有其明显的缺点：①选择背后的理论研究可能不足，科学性没有保障；②可能失去了国家体育内容的相对协调周全，规范性欠佳；③全国范围内的教学质量评价难以进行；④体育教师的培养和培训目标和内容难以明确，教师培养和培训可能陷于空洞化。

"灵活统一型"的课程思想和教学内容选择方式是"基本统一型"的改良型，它是通过增加选修课的比例，适当增加基层教师选择内容权利的方式。在这种内容管理方式下，教学内容的选择为专家学者和体育教师各管一段，教学内容选择标准也掌握在专家和教师两种人手中。这种内容管理方式既保留了"基本统一型"的优点又弥补了其不足，但这种方式也有其缺点：①体育教学内容的整体性变得稍差；②选修课属于完全放开状态，科学性难以保证；③体育教师需要掌握较多的课程知识；④必修内容和选修内容的比例难有科学依据。

而"统一指导型"的课程思想和内容选择方式基本克服了上述的缺点，集中了其优点。本书认为，它是在当前体育教学条件下最为合理的方式，它是"由课程专家制定选择内容的标准与要求，并举出符合要求的具体内容范例，交由基层体育教师依据范例进行自主选择"的方式。其优点是：①选择标准和范例有许多研究的积淀，科学性强；②可以保证体育教学内容的协调周全；③全国的体育教学内容具有相当的统一性和规范性；④既有利于教师参与课程研究又有利于教法研究；⑤国家统一的教学质量评价比较容易；⑥教师培养和培训的目标和内容有了基本框架；⑦有利于各地因地制宜地进行教学；⑧由于地方、学校在内容选择工作中的责任明确，有利于体育课程的三级管理，发挥地方课程管理的责任感和积极性。其缺点是：国家、地方和学校对这种全新的管理方式需要一个理解和适应的阶段，相应的研究需要跟上。

四、基层体育教师应如何做好教学内容的选择

统一指导管理方式有科学性强、内容的统一性和规范性强、有利于教师参与课程研究、进行评价比较容易、教师培训内容清晰，以及有利于三级课程管理等优点。体育教师面临这种新的管理方式，应该如何做好教学内容判断和选择呢？

（1）认真领会《体育与健康课程标准》对教学内容指导的思想与要求。

（2）有依据地补充新的体育教学内容。

（3）将新增的教学内容进行教材化。

第三节　教学目标分析

一、教学目标概述

（一）教学目标的功能

教学目标在教学中有三种主要功能：导学、导教、导评价。

教学是一种有明确目的的活动，这种目的性渗透到课堂教学之中，便由每堂课

的教学目标来体现。教学目标对于指导课堂教学实施具有非常重要的作用。在分析它对教学的作用之前，我们先来思考这样一个问题：假设课堂教学没有预先设定教学目标，那么整个教学过程会变得怎样？不难想象，教师的教学可能会变得没有方向，没有尺度；学生也会感到非常迷茫，不知道自己的学习方向。由此看来，教师的教学离不开教学目标，学生的学习也离不开教学目标，与教学相关的活动同样离不开教学目标，教学目标的确有着非常重要的功能。

1. 指导教师对教学过程的设计与实施

作为教学设计者的教师，一旦确立了教学目标，就可以继续确定与之相适应的教学材料、教学方法和教学媒体等。从这个角度来说，教学目标对教师设计与实施教学的确起着重要的指导作用。教学目标可以帮助教师明确教学思路，确定通过哪些途径能更好地完成教学任务，知道怎样合理地组织教学内容。例如，当一节课的教学目标是学生对常识性体育知识的掌握时，教师就可以选择"接受性学习"的教学方法（如讲授法）；当教学目标侧重学生对运动知识的探究时，教学方法的确定就应考虑让学生开展"发现性学习"，这时的教学方法以教师的宏观指导为佳；当教学目标侧重学生对具体事物的分类或区别时，选择直观的教学媒体就显得非常必要。比如，当一节课的教学目标是关于跑的分类及其特征的内容，教师便可以考虑应用多媒体将各种各样的跑呈现出来。从这些例子可以看出，教学目标在教学过程设计中，尤其是在教学手段的选择中，具有决定性的导向作用。

2. 引导学生的学习进程

教学目标通常被表述为预期的学习结果。要想使学生能够获得良好的学习结果，教师首先应当让学生明确自己的学习目标，使学习具有方向性。目标明确与否，在很大程度上决定了学生的学习态度和学习效果。学生有了清楚的目标，就能做到心中有数，产生强烈的参与感，积极地投入学习活动中去。学习目标还能使学生清楚地了解自己的学习内容，确定哪些方面有待加强，从而制订出切实可行的学习计划。一旦学生明确了自己的努力方向，便能够产生强烈的学习热情，增强完成学习任务的责任感，提高课业学习的效率。总之，教学目标对学生的学习具有很重要的导向和激励作用。

3. 提供教学评价的依据

教学评价是教学过程的一个重要环节，是对学生达成教学目标程度的检验。而要检验学生的学习情况，首先要有一个关于学习内容的评价标准。这个标准就是教学开始之前确定好的教学目标，反映学生经过一个学习过程之后应该达到的程度。教学目标是进行科学测试和作出客观评价的基础，教学评价必须以教学目标为依据。无论是实施诊断性评价，还是进行形成性评价，在编制测验内容时都要以教学目标为依据。此外，教学目标还有助于学生对自己的学习情况进行评价，找出自己的学习现状与教学目标要求之间的差距，从而有针对性地调整自己的学习策略。由此看来，教学目标不但为教师评价学生提供了参照，而且还对学生的自我评价有很强的指导作用。

除了以上讨论的作用以外，教学目标还有其他一些作用。例如，对于学校与家长之间的沟通来说，教学目标也具有重要的意义，教学目标能使家长更明确地知道子女在学校中的学习内容和进度，有助于学校与家长之间针对学生的学习情况进行交流。

既然教学目标如此重要，那么对于教师来说，熟知教学目标的相关理论，掌握编写教学目标的相关知识，并且能够针对具体教学内容确定出科学合理的教学目标，应该成为教师必须具备的教学基本技能。

（二）教学目标的分类

教学目标的分类受到了各教育流派的重视，他们对其进行了深入的研究，其中，布卢姆等人的教育目标分类学对体育教学设计中体育教学目标的设计影响最大。

布卢姆的教育目标分类系统把教学目标分成认知、动作技能和情感三大领域。

1. 认知领域

认知领域的目标分类将认知目标从低到高分成六级。

（1）知道

"知道"是认知领域中最低水平的目标，主要是对已学过的知识的回忆，包括具体事实、方法、过程、理论，以及类型、结构和背景等的回忆。"知道"是这个领域中最低水平的认知学习结果，它所要求的心理过程主要是记忆，例如，知道单手肩上投篮有哪几个部位发力。

（2）领会

"领会"是最简单的理解，是指把握知识意义的能力，可借助解释、转换、推断三种方式来表明对知识的理解。解释是指能用自己的话，对某一信息（如插图、数据等）加以说明或概述；转换是指能用自己的话或用与原先的表述不同的方式来表达所学内容，包括文字叙述、表述式、图式、操作之间的翻译或互换；推断是预测发展的趋势，例如，能根据动作的形式对动作进行分类。

（3）应用

"应用"是指把所学知识应用于新情境的能力，包括概念、原理、规律、方法、理论的应用。它与"领会"的区别在于是否涉及这一项知识以外的事物，例如，能应用"鞭打动作"进行投掷练习。

（4）分析

"分析"是指把复杂的知识整体材料分解成部分，并理解各部分之间联系的能力，例如，对一个完整的动作进行分解。

（5）综合

"综合"与"分析"相反，是指将所学知识的各部分重新组合，形成一个知识整体的能力。"综合"强调创造能力和形成新的知识结构的能力。它包括能突破常规思维模式，提出一种新的想法或解决问题的方法；能按自己的想法整理学过的知识，对条件不完整的问题，能创设条件，构成完整的问题，设计一个解决问题的方案等，例如，对学过的技术动作进行组合编排。

（6）评价

"评价"指对用来达到特定目标和学习内容、材料和方法给予价值判断的能力，例如，能对同一种项目不同练习方法进行比较、分析和评价等。

特别需要指出的是，目标设计的层次分得越细越科学，越不利于操作。反之，层次分得较粗，虽然可操作性强，但科学性不够。所以从科学性和可操作性两个层面去考虑，一般将教学目标分为三个或四个层级。例如，体育与健康课教学在认知领域的要求由低到高就分为三个层次：了解、理解和综合应用。

了解：对所学体育动作知识有初步认识，能够正确复述、再现、辨认或直接使用。

理解：领会所学体育知识的含义及其适用条件，能够正确判断、解释和说明有关体育动作和问题，即不仅"知其然"，还能"知其所以然"。

综合应用：在理解所学各部分体育动作的本质区别与内在联系的基础上，运用所掌握的知识进行必要的分析、类推或解释、论证一些具体的体育问题。

2. 动作技能领域

在这一领域，目前教育界还没有一个被广泛承认和接受的目标分类。因此，这里主要介绍辛普森的目标分类说，这种分类是目前应用较为广泛的一种分类体系。

（1）知觉

"知觉"是指运用感官获得信息以指导动作，主要了解与某种动作技能有关的知识、性质、功能等，例如，能背出动作要领等。

（2）准备

"准备"是指为适应某动作技能的学习做好心理上、身体上、情绪上的准备。

（3）指导反应

指导反应指能在教师的指导下表现有关动作行为，例如，在体育教师帮助下完成动作。

（4）机械动作

机械动作是指经过一定程度的练习，要掌握的动作已形成熟练的技能，例如，能正确、迅速地完成体操侧手翻动作等。

（5）适应

"适应"是指已练就的动作技能具有应变能力，能适应环境条件及要求的变化，例如，能根据体操摆腿原理完成单杠曲身上动作等。

（6）创新

"创新"是指在学习某种技能的过程中，形成了一种创造新的动作技能的能力，例如，能改进技术动作完成的方法。

体育与健康课教学在动作技能领域的要求由低到高就分为三个层次：模仿水平、独立操作和迁移水平，其含义如下：

模仿水平：包括在原型示范和具体指导下完成操作，对所提供的对象进行模拟、修改等。

独立操作：包括独立完成操作，进行调整与改进，尝试与已有技能建立联系等。

迁移水平：包括在新的情境下运用已有技能，理解同一技能在不同情境中的适用性等。

3. 情感领域

情感领域的教育目标依据价值内化的程度由低到高可分为五级。

（1）接受

"接受"是情感的起点，指愿意注意某一特定事件或活动，例如，认真听课、参加班级活动、意识到某事的重要性等。

（2）反应

"反应"比"接受"更进一层，指愿意以某种方式加入某事，以示作出反应，例如，完成教师布置的练习、参加分组练习、遵守校纪校规、同意某事、热心参加体育课余活动等。

（3）价值化（评价）

"价值化"是指学生将特殊的对象、现象或行为与一定的价值标准相联系，包括接受某种价值标准（如愿意改进与团体交往的技能），偏爱某种价值标准和为某种价值标准做贡献（如为发挥集体的有效作用而承担义务）。这一阶段的学习结果所涉及的行为一致性和稳定性使得这种价值标准清晰可辨。价值化与教师通常所说的"态度"类似。

（4）组织

这一水平涉及价值的概念化和价值系统的组织化。通过将许多不同的价值标准组合在一起，克服它们之间的矛盾、冲突，开始建立内在一致的价值体系。这一水平的重点是将许多价值标准进行比较、关联和系统化。学习的结果可能涉及某一价值系统的组织，例如，与人生哲学有关的教学目标就属于这一级水平。

（5）个性化

"个性化"是情感教育的最高境界，是指内化了的价值体系变成了学习者的性格特征，即形成了自己的人生观、世界观，例如，保持良好的健康习惯、在团体中表现合作精神等。

（三）教学目标的陈述

1. 当前体育教学目标陈述中存在的问题

（1）教学目标过于笼统、含糊。设计教学目标时常使用抽象含糊的非行为动词，如"了解""掌握""理解"等，以这些动词引导的教学目标（严格意义上说，应称之为教学目的），教学后无法测量是否达到了目标，应改用行为动词表述学生的具体行为，陈述教学目标。

（2）教学中将教学目标束之高阁，甚至脱离目标。有的教师设计的教学目标只是流于形式，貌似教学目标定得很全，但教学随意性太大，并没有或未完全付诸实践。其结果是课堂教学没有完成教学目标或只达到某一方面的目标。

（3）目标陈述的主体不是学生或学习结果，而是教师或讲授内容。这是体育课程标准与原体育教学大纲的描述方式的不同之处，也体现了两种截然不同的教学理念。例如，"通过篮球传球教学，激发学生团队配合的意识"这一目标行为的主体就是教师，而不是学生。

（4）目标设计缺乏个性化。在设计教学目标时，有的教师总是沿用一些程式化的语句，缺少个性，因而教学目标显得千篇一律，缺乏生气和活力，例如，常见的目标陈述"培养学生的思维能力和创新精神"等。

【案例】

1. 认知目标

（1）理解跑的概念；

（2）了解跑技术的一般过程；

（3）认识跑技术在生活实践中的运用；

（4）激发学生学习体育的兴趣。

2. 能力训练目标

把跑的知识与教学相关内容相联系，培养学生观察、分析、综合、归纳及思辨的能力。

3. 情感训练目标

在相互讨论的过程中，激发学生的协作精神和竞争意识。

4. 德育培养目标

通过研究、讨论跑技术在实际中的运用情况，帮助学生树立"实践是检验真理的唯一标准"的观点，初步形成看待问题的科学观和方法论。

点评：上述案例代表了当前大多数教学设计中有关目标的描述形式。

教师描述教学目标时易犯的通病主要表现如下：

（1）目标的分类与课程目标的分类不相符合，未按知识与数据技能方法、过程与方法、情感态度与价值观三维目标进行分类。

（2）行为主体不明确，表现在行为动词的选择不恰当，如使、培养、激发等，把行为主体变成了教师，而不是学生，显然是受教学大纲影响所致。

（3）知识与技能目标中，描述为水平的行为动词选择不当。例如，"培养观察、分析、综合、归纳及思辨的能力"，要求过高，与课程标准中初步学习的水平不符。

（4）目标不够具体，尤其是过程与方法、情感态度与价值观的目标太笼统，针对性不强、操作性差。

2. 教学目标陈述的"ABCD"四要素法

一个完整的教学目标应包含三个要素：行为、条件和标准。后来，又有教育者提出应再加上一个要素，即对教学对象的描述。这样，就形成了教学目标的四要素：①教学对象，说明教学的对象是谁；②行为，说明学生在学习后其学习行为，说明学生做什么；③条件，说明学生在完成学习任务时所允许的条件；④标准，提出评价学生达成目标的标准。

3. 学习水平与行为动词的选择

根据行为动词可评价、可测量的要求，国家课程标准在充分考虑已有经验与可接受性的前提下，确定了国家课程标准中的学习水平与行为动词的基本要求。课程标准大体上按结果性目标与体验性目标来陈述，并确定相应的学习水平，规范适当的行为动词，旨在保证国家课程标准既具有一定的严肃性，又具有一定的清晰度。

（1）结果性目标的学习水平与行为动词

①知识

A. 了解水平，包括再认或回忆知识，识别、辨认事实或证据，举出例子，描述对象的基本特征等。行为动词如说出、背诵、辨认、回忆、选出、列举、复述、描述、识别、再认等。

B. 理解水平，包括把握内在逻辑联系，与已有知识建立联系，进行解释、推断、区分、扩展，提供证据，收集、整理信息等。行为动词如解释、说明、阐明、比较、分类、归纳、概述、概括、判断、区别、提供、把……转换、猜测、预测、估计、推断、检索、收集、整理等。

C. 应用水平，包括在新的情境中使用抽象的概念、原则，进行总结、推广，建立不同情境下的合理联系等。行为动词如应用、使用、质疑、辩护、设计、解决、撰写、拟定、检验、计划、总结、推广、证明、评价等。

②技能

A. 模仿水平，包括在原型示范和具体指导下完成操作，对所提供的对象进行模拟、修改等。行为动词如模拟、重复、再现、模仿、例证、临摹、扩展、缩写等。

B. 独立操作水平，包括独立完成操作，进行调整与改进，尝试与已有技能建立联系等。行为动词如完成、表现、制定、解决、拟定、安装、绘制、测量、尝试、实验等。

C. 迁移水平，包括在新的情境下运用已有技能，理解同一技能在不同情境中的适用性等。行为动词如联系、转换、灵活运用、举一反三、触类旁通等。

（2）体验性目标的学习水平与行为动词

①经历（感受）水平，包括独立从事或合作参与相关活动，建立感性认识等。行为动词如经历、感受、参加、参与、尝试、寻找、讨论、交流、合作、分享、参观、访问、考察、接触、体验等。

②反应（认同）水平，包括在经历基础上表达感受、态度和价值判断，作出相应的反应等。行为动词如遵守、拒绝、认可、认同、承认、接受、同意、反对、意愿、欣赏、称赞、喜欢、讨厌、感兴趣、关心、关注、重视、采用、采纳、支持、尊重、爱护、珍惜、蔑视、怀疑、摒弃、抵制、克服、拥护、帮助等。

③领悟（内化）水平，包括具有相对稳定的态度，表现出持续的行为，具有个性化的价值观念等。行为动词如形成、养成、具有、热爱、树立、建立、坚持、保持、确立、追求等。

二、体育与健康课程目标体系的构成

（一）义务教育体育与健康课程的总目标

通过课程学习，学生将掌握体育与健康的基础知识、基本技能和方法，增强体能；学会学习和锻炼，发展体育与健康实践和创新能力；体验运动的乐趣和成功，养成体育锻炼的习惯；发展良好的心理品质、合作和交往能力；提高自觉维护健康的意识，基本形成健康的生活方式和积极进取、乐观开朗的人生态度。

1. 掌握体育与健康的基础知识、基本技能和方法，增强体能

（1）体育与健康的基础知识、基本技能和方法也可称为新"三基"，超越了课改前体育课程所强调的"三基"，即基本知识、基本技术和基本技能。

（2）新"三基"中基本技能包含基本技术，用基本技能这一概念并不是要忽视或淡化运动技术的学习，而是强调要提高学生运用技术的能力。

（3）体能是掌握运动技能的基础，也与学生的健康紧密相连。

（4）在体育与健康教学中应重视学生体能的练习，每节体育课都应该留出一定的时间，并尽量结合运动技术的教学让学生进行相关的体能练习。

2. 学会学习和锻炼，发展体育与健康实践和创新能力

（1）体育与健康课程的教学不但要使学生掌握运动知识和技能，而且要提高学生的学习和锻炼能力，即引导学生学会体育与健康学习和体育锻炼，为学生的终身体育奠定良好的基础。

（2）在体育与健康教学中，要高度重视学生的自主学习、合作学习和探究学习，提高学生的体育与健康学习能力。

3. 体验运动的乐趣和成功，养成体育锻炼的习惯

（1）运动只有给学生带来快乐，才会促进学生主动参与运动，并有助于终身体育意识的形成。

（2）一定要转变这样的现象，即一提到让学生在体育学习中获得快乐，就批评"快乐"，就大讲特讲要培养学生的意志品质和刻苦学习的精神，将学生"获得快乐"与"意志品质和刻苦学习精神培养"人为地对立起来。

（3）这个目标所讲的体验成功主要不是强调学生之间的相互比较所获得的成功感，而是主要强调自我的比较，看自己是否通过努力在原有的基础上获得进步和发展。

4. 发展良好的心理品质、合作和交往能力

（1）体育运动不仅仅只是有助于增进人的身体健康，而且对人的精神和品质的影响也是巨大的。这就是我们常说的体育既能育体，也能育人。

（2）在体育教学中不仅要重视运动技术技能的教学，更应重视运动技术技能教学背后体育对学生精神的培养以及对学生精神面貌的改变。

5. 提高自觉维护健康的意识，基本形成健康的生活方式和积极进取、乐观开朗的人生态度

（1）这一目标既是"健康第一"指导思想的重要体现，也是体育与健康课程追求的崇高目标。

（2）义务教育阶段，体育与健康课程不管是体育方面的教学还是一些健康教育内容的教学，都是为了提高学生健康的意识，促进学生健康生活方式的逐步形成，并使学生具有积极进取、乐观开朗的人生态度。

（3）在体育与健康教学中，无论是学习目标的设置，还是教学内容和方法的选择，都要有助于学生健康意识和生活方式的形成，并使学生形成积极进取、奋发向上、顽强拼搏、勇攀高峰的精神。

（4）学生健康意识和生活方式的形成仅仅靠体育教学是不够的，要辅助于健康教育的教学，体育教学与健康教育相辅相成，共同促进学生健康发展。

(二) 体育与健康课的目标

1. 运动参与

(1) 参与体育学习和锻炼；

(2) 体验运动乐趣和成功。

强调体育教学过程中要通过丰富多彩的内容、形式多样的方法，促进学生达成运动参与的目标，变被动参与为主动参与。

2. 运动技能

(1) 学习体育运动知识；

(2) 掌握运动技能和方法；

(3) 增强安全意识和防范能力。

小学阶段：注重体育游戏学习，发展学生的基本活动能力。

初中阶段：注重不同运动项目的学习和应用，鼓励学生参加形式多样的比赛。

3. 身体健康

(1) 掌握基本保健知识和方法；

(2) 塑造良好体形和身体姿态；

(3) 全面发展体能和健身能力；

(4) 提高适应自然环境的能力。

4. 心理健康和社会适应

(1) 培养坚强的意志品质；

(2) 学会调控情绪的方法；

(3) 形成合作意识与能力；

(4) 具有良好的体育道德。

运动参与、运动技能、身体健康、心理健康和社会适应四个方面是一个有机联系的整体，各个学习方面的目标主要通过身体练习实现，不能割裂开来进行教学。

三、体育教学目标的设计

(一) 设计体育教学目标的一般原则

体育教学目标是对体育教学活动预期达到的结果的表述，它制约着体育教学中教与学的活动，设计体育教学目标应遵循以下原则：

1. 一致性原则

体育教学目标是体育课程目标的具体化和行为化。因此，体育教学目标必须与体育课程目标保持完全的一致性，以使体育教育教学目的在体育教学的全过程中得以贯彻和完成。

体育课程目标，即知识与技能、过程与方法、情感态度与价值观三个领域构成的一个完整的目标体系。因此，在设计教学目标时，要注意目标系统三个层面的完整性和一致性。

2. 层次性原则

由于体育教学目标的学习水平随着学习的深入而逐步提高，所以，纵向上就有了高层次目标中包含低层次目标的关系。例如，动作练习目标"练习篮球急停跳投"中就包含着篮球运球、传球，中轴脚的使用等低层次目标。从横向上来看，不同学习者的个体差异也使其在达到的目标上存在着不同。体育教师在设计教学目标时，也要注意到这种多层次的要求。

3. 操作性原则

在体育教学过程中，教学目标要能直接指导教学，对教与学的活动均有准确的测量标准，尤其对结果性的学习目标应依据具体性原则，设计出明确、可测量、便于操作的行为目标。

4. 难度适中性原则

体育教学目标是体育教学活动的出发点和归宿，必须符合学生的实际水平。体育教学目标的难度应控制在学生的"最近发展区"，应该是学生经过学习和努力可以达到的目标。低于学生实际水平的教学目标，不利于提高学生的智力和培养学生的能力；超出学生实际水平的教学目标，则无异于拔苗助长，不利于学生身心的均衡发展。因此，设计体育教学目标必须认真分析学生的现有水平，即学生的起点行为，并且要对学生的群体做基本分析，据此确定教学目标的难度。在目标层次的分解上，兼顾全面，为进一步教学设计奠定基础。

【案例】

排球上手传球教学

教学目标：

（1）初步学会排球正面双手上手传球的基本技术；

（2）发展协调性、灵敏性，增强全身协调能力；

（3）培养学生面对任何困难都不要轻言放弃，勇于向前、顽强、果断的优良品质；在不断的尝试中找出最佳的方法与快捷方式，建立与培养学生的自信心。

分析：根据设计教学目标的一般原则，上述教学目标主要存在以下几个问题，需做进一步改进和完善。

（1）缺少过程与方法层面的教学目标；

（2）案例中的"发展""培养"是非行为动词；

（3）目标缺乏层次性，如"发展协调性、灵敏性，增强全身协调能力"的要求就过于笼统；

（4）知识目标的设计不全面，如对本课题重要概念"传球的手形、要领"未做要求。

（5）情感与价值观目标要求不切合实际。

（二）如何设计体育课教学目标

1. 体育教学目标的设计过程

根据凯普的观点，一般体育教学目标的设计过程可归纳为六个步骤：确定目的、建立目标、提炼目标、排列目标、再次提炼目标、做最后的排列。

（1）确定目的：目的是抽象的，可能包含多方面的内容，它为教学目标指明方向。

（2）建立目标：针对目的中一个具体方面建立一系列的教学目标。

（3）提炼目标：将教学目标进行分类，把重复的目标去掉，整合相似的目标，使模糊的学习目标具体化。

（4）排列目标：按照一定的标准（重要程度或先后顺序等）将目标进行排序。

（5）再次提炼目标：根据实际情况，再次确定目标存在的价值并进行取舍。

（6）做最后的排列：从整体上做实施前最后周密的安排，然后用于实践。

2. 制定行为目标的要求

（1）界定出具有可观察的学习结果；

（2）陈述发生预期学习的条件；

（3）明确规定标准的水平（表现目标）。

3. 目标叙写的要求

（1）目标必须是分层次陈述的；

（2）行为目标陈述的两类基本方式；

（3）行为目标陈述的基本要素；

（4）行为主体应是学生，而不是教师；

（5）行为动词应尽可能是可理解的、评估的；

（6）必要时，附上产生目标指向的结果行为的条件；

（7）要有具体的表现程度。

4. 设计举例

制约体育教学目标制定的主要因素：要全面反映教材的内容构成、要突出教学重点、要体现体育课程标准的要求、要考虑和反映教学目的。

依据凯普的理论，并根据体育学科的特点，以及教学目标设计的原理，我们编制一些适合于体育学科内容的、简洁化的、操作性强的教学目标设计模型，简要说明体育教学目标的设计过程。

（1）分析本节课知识与技能的内容及学习水平。

（2）分析本节课过程与方法的内容及学习水平。

本节课过程与方法的内容为练习过程，练习、观察、分析、讨论等方法；学习水平基本为初步学习或体验。

（3）分析本节课情感态度与价值观的内容及学习水平。

本节课情感态度与价值观的内容为注重调动学生的练习兴趣，加强与学习、生活的联系；学习水平为感受或认识。

需要说明的是，上述三大领域（尤其是后两个领域）在每一节课中不一定全部涉及，需根据教学任务分析决定，有则设计，无则免之，不要牵强附会，一味地追求教学目标设计的完整性和格式化，这样势必又走入了新的误区。

（4）目标设计。

①知识与技能

学生能说出动作的名称；能对照本节课学习内容说出其名称及操作要点；能解释体育动作完成的方法和原理，并初步完成动作；能初步解释所学知识的定义以及作用，并尝试分析具体问题；能准确说出动作的概念，并说出与其他动作的明确区别。

②过程与方法

初步学习有关器材的使用方法；通过不断的练习体验体育动作完成方法的科学性。

初步认识：观察—分析、讨论—归纳、总结—理解、运用的科学方法过程。

③情感态度与价值观

创设运动健身的问题情境，丰富学生的科学体验，激发学生探究的兴趣和学习体育的动机；提供信息，开展讨论，拓觉视野，使学生认识到体育与生活和人类生存的密切关系。

除此之外，还可以根据学生的不同特点和起点行为，设计出不同的课时目标，也可以在学习的内容上做比较大的变动。总之，具体的教学目标设计，一定要符合学生的认知水平和能力水平。

第四节　我国体育教学内容的划分和编排

一、我国体育教学内容的划分

在进行我国体育教学内容分类和整理问题方面，多年来，体育教学大纲的制定者在尝试了许多分类方法后，仍然没有完全解决这个问题。

正确的用语应该是"划分"，并不是"分类"。对于划分的依据，我国一些学者提出了不同的观点，主要有：（1）以人体基本活动能力分类；（2）以身体素质分类；（3）以教学目的分类；（4）以运动项目分类；（5）综合交叉分类。但很多学者对于以上各类方法提出了不同的意见，认为都有不同的漏洞，如"以人体基本活动能力分类"的漏洞是：只从技能看待教材不符合中小学教学特点和目标要求、忽视运动项目的客观存在、实用性差；"以运动项目分类"的漏洞是：会形成只追求比赛技术而影响学生锻炼，会将体育目标、手段、方法狭隘化，会形成"主要技术"和"辅助技术"之分；"以身体素质分类"的漏洞是：只从身体素质着眼会使目标单一化，有些项目不能以身体素质来量化，会导致单纯追求身体素质的发展，而体能目标是综合的。

要分析与批评每一种划分方法比较容易，但要构建一个比较客观相对科学的划分则是非常困难的，我国体育教学大纲中较为常见的划分是"以身体素质进行分类"和"以运动项目进行分类"，但又有学者提出了这种"交叉综合分类"（"提升身体素质练习"和"各项运动教学内容"放在一起），首先违反了"同一划分的根据必须同一，即在同一次划分中必须以同一标准为依据"的原则，而且此分类划分后的子项不是互相排斥的，而是相互包容的。

二、我国体育教学内容的编排

体育教学内容的编排方式一般有："直线式排列""螺旋式排列"以及两者混合而成的"混合型排列"。关于"直线式排列"和"螺旋式排列"所适用的教学内容，历次的体育教学大纲只是提到了那些"锻炼身体作用大的教材"适合于"螺旋式排列"。而关于什么体育教学内容适合于"直线式排列"，却没有提及。

关于体育教学内容编排的理论还存在着一定的问题：（1）并非"锻炼身体作用大的教材"才适合于"螺旋式排列"。因为一些有难度、有深度，要求学生熟练掌握运动技能的教学内容更需要"螺旋式排列"。（2）没有阐明哪些运动实践教学内容适用于"直线式排列"。（3）没有明确说明"直线式排列"和"螺旋式排列"单元的区别。比如每学期3课时"螺旋式排列"、一次3课时"直线式排列"和一次30课时"直线式排列"对教学计划安排和教学效果的作用都是不一样的。如果没有区别，那么以往理论所说的"螺旋式排列"和"直线式排列"到底有什么不同？如果说不可能有这样统一的规定，那么什么内容适合 30 课时"螺旋式排列"，什么内容适合 3 课时"直线式排列"，什么内容适合 30 课时"直线式排列"等就必须予以说明。

教材排列的循环是指同一教学内容在不同学段、学年等范围内的重复安排。这种循环有以课为周期的循环、以单元和学期为周期的循环、学年为周期的循环、以学段为周期的循环等。举例来说，上节课上 100 米跑，下节课还上 100 米跑就是以课为周期的循环；在上学期安排 100 米跑，在下学期还安排 100 米跑就是以单元和学期为周期的循环；在中学一年级安排 100 米跑，在中学二年级还安排 100 米跑就是以学年为周期的循环；在中学一年级安排 100 米跑，在高中一年级还安排 100 米跑就是以学段为周期的循环等。根据以上理论，毛振明从不同的内容性质对体育教学内容进行了四个层面的排列：①"精学类"教学内容（充实螺旋式）。②"粗学类"教学内容（充实直线式）。③"介绍类"教学内容（单薄直线式）。④"锻炼类"教学内容（单薄螺旋式）。

以上编排方式较好地落实了新课程标准对体育教学提出的新要求，并根据体育教学内容分层级排列理论，结合当前体育教学内容和教学时间的现状，有创新性地将学的、练的、介绍的、体验的内容合理编排在体育教学中，因此，我们认为它是新课程改革以来并在较长时间内值得推广的编排方式。

三、高校体育教学内容和手段现代化

高校体育教学内容和手段的现代化革新发展，体现现代化体育课内容符合现代体育教育的需求，其教学内容具有实用性和灵活性的特点，能够保障体育教学的任务和目的顺利完成。体育教学内容现代化发展包括课程内容和教材取向现代化发展方向，其中蕴含的科学性理论内容能够帮助新时代学生完成学习任务，使体育课程内容更具时代发展的活力。高校体育教育现代发展进程中课程内容革新有利于拓展教育信息，减少教育受到的空间和时间的限制，使体育课程内容更具具象化，最大限度调动学生学习感官，保障体育教学的实用成效。科学技术的发展使教育现代化发展进程加快，体育课程逐渐向全新的方向发展，教育现代化的手段不断增多，体育电脑教学和电视教学逐渐被采用。体育教学手段现代化发展还体现在教学资料和信息更加丰富，各种类型的体育赛事和资料被应用，现代化教学发展改变传统教学的束缚性，提高体育课程的教学实效，使学生更愿意投入更多精力在学习体育知识方面，从而保障体育课程在新时代背景下健康发展。

四、高校教学内容更新速度加快，增强学生学习体育的兴趣

教育现代化发展背景下进行课程革新能够实现教学信息资源共享，现代化技术的发展使教学信息更新速度加快，为高校体育课程发展提供机遇。现代化信息技术

的应用为教师提供更多课程选择的机会，也为学生学习提供更多丰富的内容，使高校获取教学全新技术和全新内容的效率不断提升，提升了高校教学把握时代发展的能力，促进体育教学整体性革新发展。教学内容更新速度及加快使学生能够全面感受到体育课程内容的感染力，学生在富有现代化特征的教学内容下进行理论课程学习，能够帮助学生实现学习探究，提升学习体育理论内容的成效。体育课程现代化发展能利用网络的趣味性增强学生参与体育活动的兴趣，对教学实践活动的开展更加期待，长此以往，学生对运动的需求使其能主动参与到体育运动中，提升体育课程内容的参与程度。另外，应用网络丰富资源进行教学革新能提升学生对知识的理解能力，并在实践活动中自身问题进行及时的判断，从而实现学生综合型德智体美劳全面的发展。

五、对体育教学内容的虚化

近年来，体育教学改革实行了三级课程管理体制，这一体制彻底放弃了对体育教学内容的规定性，给予地方和学校以极大的对体育教学内容的选择权利。而体育课程改革确立的"目标统领内容、内容为目标服务"的体育教学内容总体原则，则将体育教学内容的选择按照体育教学的领域目标设定为"运动参与、运动技能、身体健康、心理健康与社会适应"四个方面的内容，彻底"开放"了体育教学内容，放开了体育教师对体育教学内容的选择。

第五节　有效教学理念下的体育教学

一、有效体育教学的内涵

如果分别从"有效"和"教学"两个概念出发来界定，则可以认为，所谓"有效"，是指通过教师在一段时间的教学之后，学生所获得的各个方面的具体进步或发展，以学生的进步或发展作为是否有效的最终评价标准和体现目标。所谓"教学"，是指教师引起、维持或促进学生学习的所有行为。有效教学是为了提高教师的工作效益、强化过程评价和目标管理的一种现代教学理念，其核心是关注学生的进步或发展（虽然学生进步或发展的程度不一）以及教学的效益（虽然效益有高有低）。

关于有效教学的定义，学术界争议比较多。不同的学科从不同的角度出发，得出了不同的研究结果。有效体育教学是有效教学在体育教学方面的表现，既具有有效教学的一般特点，也具有体育教学的独特特点。

（一）有效果、有效益、有效率

首先谈"有效果"效果是由某种原因、因素或动因产生的结果。"有效果"是指通过教师的教学以后，学生获得的具体进步和发展。学生有无进步和发展是衡量教学有无效果的唯一依据。对"教学效果"的理解多种多样，如"教学效果是由于教学而产生的成果，包括受教学影响所能展示的所有成果""教学效果是教学活动的结果，考查的重点是学生的学习进步和发展""教学效果是对课堂教学活动结果与预期课堂教学目标吻合程度的评价""教学效果是通过教师的教学取得的，最关注的是效果的有无，而并不关注结果的好坏，不联系教学投入来考虑教学产出或者所得""教学效果是教学过程中教师和学生共同劳动的结果，是通过教师的教和学生的学，体现为学生学习的优劣程度，具有全面性、系统性、检验的阶段性等特点"等。所以，体育教学有没有效果，主要指学生有无进步。学生对所学体育与健康知识的掌握程度，学生在体能上的提高程度，技能掌握上的进步程度，心理素质、社会适应能力的加强程度等学生在原有基础上提高的幅度的总和，是衡量体育教学效果的最终依据。

其次谈"有效益"。效益，系"效果和收益"，其着眼点在于"利益"。教学效益是教学活动的效果和收益，它所要认识的范畴更加丰富。教学效益反映的是教学活动的结果与教学目标以及教学目标与特定的社会和个人的教学需求是否一致，这是对教学效益的内在的质的规定。关注教学效益，提升教学效益，也是实现教学活动的价值和达成教学活动的目标的过程。教学有无效益，并非指教师是否教完内容或教得是否认真，而是指学生有没有学到东西或学生学得好不好。如果学生不想学或者学了没有收获，在体能、技能、身体素质、参与行为、心理健康水平、社会适应能力等方面没有发展，即使教师教得再辛苦也是无效教学。同样，如果学生学得很认真，练得很辛苦，但没有得到应有的发展，其体能、技能、身体素质、参与行为、心理健康水平、社会适应能力等方面没有发展甚至出现倒退和下降，也是无效或低效教学，甚至是负效教学。因此，体育教学"有效益"，是指通过教学活动，既实现了教学活动的价值，达成了教学活动的目标，并且教学结果吻合预期的教学目标，符合社会与个人的教学需求。同时，体育教学"有效益"，更多的是关注好的、积极的学习结果，关注学生学习的良性收益。正如国外某研究所报道的体育教师通常认为，他们的教学让学生感到忙碌、快乐、开心就是成功的课。

最后谈"有效率"。有效教学在保证教学效果和教学效益的同时，还必须保证教学效率。物理学中的效率是指"单位时间内完成的工作量"，但"教学效率"不同于物理学中的"效率"。效率的要义，包括"在一定的单位时间内"和"完成的工作量"两个方面。前者容易理解，关键是如何界定和确定"工作量"。教学工作量不同于物理学的"用了多少力"之类的，物理学中的"用力多少"既是一个数量，"用了多少力"也说明达到了目标。而体育教学的工作量，可以把事先规定的教师的教的任务完成，但更重要的是学生是否在体能发展、技能学习、身体素质提高、社会适应能力增强、参与行为增加等方面达到了预期的学习目标。只有两者都实现，才算达到应有的教学效果。在一定程度上、在一定范围内，尽量减少教学投入，保持既定产出教学甚至增加产出就能提高效率。联系体育教学实践考虑，可以说，对于同样的教学效果，还需要考虑单位时间问题。例如，对于"学习步上篮"一节课，两位教师都能使学生学会。一位教师在课堂上讲解示范了45分钟，学生只听讲解、看示范而未练习，不能真正掌握，教师通过课外"开小灶"，最终使学生学会。另一位教师却在讲解示范之后让学生练习，教师适当纠错点拨，在课内就能熟练掌握。在这种情况下，两位教师的教学效果一样，但就教学效率而言，后者明显优于前者。由此推出，教学效率是单位教学投入内所获得的教学产出。

综上所述，有效体育教学是体育教学过程符合体育教学规律的教学，是有效果、有效益、有效率的教学。体育教学活动是一种育体、育身、育心的过程，应该实事求是，尊重体育教学规律，不能鲁莽蛮干。符合体育教学规律是实现体育有效教学的基本条件，不符合体育教学规律的教学，即使有效，也是低效或负效的。有效果、有效益是有效体育教学的基本要求和前提，有效率是有效体育教学的最高目标。符合体育教学规律以及"有效果""有效率""有效益"这三个方面共同构成了有效体育教学的内涵和外延。缺少其中之一，都不是有效的体育教学。据此，可以将有效体育教学定义为："有效体育教学是教师遵循体育教学过程的规律，成功引起、激发、维持和促进了学生的体育学习，在维持既定教学效率的前提下，相对有效地达到了既定教学效果、获得既定教学效益的教学。它首先取决于体育教师及相关人员对体育课上应该做什么做出正确的决定，其次取决于如何实现这些决定。"

（二）体育教学——教与学互相依存

在现代社会，人是主体。在现代化的课堂中，人也是主体。学生和教师都是课堂中的主体，学生是课堂中的中心，是自己学习的主人。教学是师生双边活动，应该发挥师生的整体作用。教学的有效性虽然和很多因素相关，但主要的因素是教师的"教"和学生的"学"。要摒弃传统的非此即彼的"教师中心论"和"学生中心论"，认识到体育教师与学生都是体育教学过程中的主体因素，两者之间的关系是教学过程中最本质、最直接的关系。同理，对体育教学有效性的研究，也必须既关注教师教学活动的有效性，也要考虑学生学习活动的有效性。

要提高体育教学效果，必须把教师和学生都视为主体。相对于学生来说，教师是外因，是外源性主体，其作用在于主导。相对于体育学习而言，学生是学习的内因，是内源性主体，其一切学习活动的目的和作用在于提高体能、技能、身体素质、心理素质和社会适应能力。外源性主体同内源性主体和谐统一，是一切体育教学活动取得较好成效的前提和基础，应该同时发挥师生的积极性并将二者有机结合。

同时，在体育教学中，师生以体育教学内容、教学方法、教学媒体等为中介，在各种层次的教学目的的指导下，在不同的教学环境中，共同构成了贯穿教学过程始终的双边活动。体育教学绝不只是单纯的讲解示范、组织管理，也不仅是单纯的动作或技能练习和体能锻炼，而是教与学两者相互依存和促进的过程。教师的教和学生的学只有互相适应，教学才可能有效，并且师生互适性越高，越易取得好的学习效果。学生在体能、技能、身体素质、社会适应能力、心理适应能力等方面的效果，在很大程度上有赖于体育教学正确有效的实施。同样，体育教师的教学效果，要通过受教育者——学生这个客体，才能得到体现。因此，在教学实践中发挥教师主导作用的同时，必须突出学生的主体地位并考虑学生的个体差异，因材施教，因人而异，不可强求整齐划一。例如，前滚翻教学，许多教师可能对小学初中采用同一个教法，而很少考虑学生不同年龄阶段的运动素质特点和运动技能形成的规律。实际上，在体育教学实践中，学生的情况千差万别，部分学生不能完成动作是因为身体素质达不到练习的要求，部分学生不能较好地完成练习是因为对技能的掌握不够，对动作的概念理解不清，而教师却一味强调整齐划一的练习，没有根据学生不同的具体问题，选择合理的教学手段，这样的教学其效果可想而知。特别是随着新课程"以人为本"教学理念的日益凸显，在体现教师主导作用的同时，更应突出以学生为中心，关注学生的学。教师在教学设计过程中，应充分考虑教与学的关系。通过学情分析，根据水平目标，结合教材的重点、难点，有针对性地选择教学方法、练习手段、组织形式，只有这样，才能使教学更有效。

（三）有效体育教学是一套策略

策略是指教师为实现教学目标或教学意图，而采用的一系列具体的问题解决行为方式。有效教学需要教师掌握有关的策略性知识，以便于自己面对具体的情景做出决策。一般情况下，按照教学实施流程，有效的教学过程划分为三个阶段，即教学的准备阶段、教学的实施阶段和教学的监控评价阶段，分别有准备策略（教什么）、实施策略（怎么教）和评价策略（教得如何）来共同完成教学任务。

体育教学的准备策略主要是指教师在体育课堂教学前根据体育教学的目标和要求，所要处理的问题解决行为，即教师在制订教学方案时所要做的工作。主要包括对教材的钻研熟悉、对学生的了解、教学目标的确定与叙写、教学材料的处理与准备、主要教学行为的选择、教学环境的选择、教学组织形式的编制，以及教学方案的形成等。

体育教学的实施策略主要指教师为实施上述教学方案而发生在课堂内外的一系列行为。按照功能划分，主要有管理行为与教学行为。前者是为教学的顺利进行创造条件和确保单位时间的效益；后者又可以分为主要教学行为（直接指向目标和内容，事先可以做好准备的行为）和辅助教学行为（直接指向具体的学生和教学情景，事先很难或根本不可能做好准备的行为）两种。

体育教学的评价策略主要是指对体育课堂教学活动过程与结果做出的相关价值

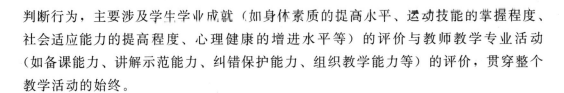

判断行为，主要涉及学生学业成就（如身体素质的提高水平、运动技能的掌握程度、社会适应能力的提高程度、心理健康的增进水平等）的评价与教师教学专业活动（如备课能力、讲解示范能力、纠错保护能力、组织教学能力等）的评价，贯穿整个教学活动的始终。

二、有效体育教学的理念

（一）关注学生的全面进步和发展

学生的进步和发展是体育教学追求的终极目标，而有效体育教学对学生的全面发展和最大幅度进步的这种追求对体育教师提出了新的要求。在实际体育课堂教学中，应并重预设性和生成性，要同时关注教学结果和教学过程与方法，同时关注学生知识的获得和能力的提升以及积极情感、态度和价值观的形成，以实现"知识与能力、方法与过程、情感态度与价值观"的全面发展。要达到这些目标，体育教师需要在自身意识方面进行提升。

首先，有效体育教学要求真正确立学生的主体地位和中心地位。体育教学是师生互动的过程，离开"学"，就无所谓"教"，因此，要求教师有"主体"意识和"对象"意识。教师必须一切为了学生的发展。如果学生没有获得发展，那么即使教师工作再累、付出再多，也是缺乏现实意义的。

其次，有效体育教学要求教师树立"全人"的学生观。学生发展是全面的均衡发展，包括体能、技能、身体素质、社会适应能力、心理健康等方面的发展，包括体育知识、健身知识、健康知识、人文知识、科学知识的"全面开花"，而并非只是某一方面单维度的发展。传统的体育教学追求学生在运动技术、技能的正确掌握以及身体素质、体能等方面的发展，对学生的学习态度、情感、心理等方面的进步比较忽视。体育与健康新课程标准明确规定了学习目标，即运动参与、运动技能、身体健康、心理健康以及社会适应五大目标的"齐头并进"，这意味着运动技术与技能目标不再是判断体育教学有效性的唯一目标。有效体育教学必须促使五大目标得到全面充分的发展，要求教师将体育教育的价值定位在人的全面发展上。教师应以宽广的眼光，正确估计和衡量自己所教学科的价值，把学科价值定位在多学科上，定位在对一个完整的人的发展上。特别是在新课改理念的影响下，教师在课堂教学中不仅注重对学生知识与技能的培养，也注重对学生情感、态度与意志等非智力因素的培养，全面关注学生的智商、情商和健商的提高。

最后，有效体育教学应唤起教学对象的主体意识。教学的有效性应该首先体现在学生的主动精神上，体现在对学生自我的主体意识的唤醒上。教育唯有唤起学生"沉睡的自我"，才是真正有效的，正如苏霍姆林斯基所言："最好的教育是自我教育。"以及第斯多惠所言："教育的艺术不在于传授的本领，而在于激励、唤醒和鼓舞。"教学的效益应体现在促进学生的自我教育上。特别是随着课程改革的进行，新课标的理念对体育教师的教学行为产生着重要的影响，对体育教师的理念和指导思想提出了新的更高的要求。尊重学生，关心学生，注重教学情境的创设，更好地激发学生的学习兴趣和转变学生的学习方式，已经成为新的要求。

（二）以促进学生的学习为宗旨

任何教学活动，总是有其一定的目的，"教"的最终目的是"不教"，是学生能够学会学习。教学活动的中心应在于如何使学生学习得到提高和进步，如何使学生的能力得到锻炼。有效体育教学是一整套为促使学生学练、实现教学目标而采用的教学策略。"教"就是为了学生的"学"，让学生乐学、学会，为学生的可持续发展打好体能、技能、身体素质等基础。体育教学是否有效及其效果如何，最终要通过学生体现出来。要让学生在体育文化知识、体育意识、体育习惯、体育能力、心理素质、社会适应等方面不断获得习得和进步。只有教师把学生当成学习活动的主体时，教师才能有效地实现教学目标。从本质上说，有效体育教学是对优质教学的追求，以良好的教学质量为生命线，既要追求有优质的结果，也要追求优质的过程，一切以促进学生的学习为宗旨。

（三）需要教师具备效益意识

体育教学效益是指体育教学活动的收益。体育教学既要有效果，使学生发生变化，也要有效益，使教学活动的效果和结果吻合教学目标，满足社会和个人的教育需求。学生健康的身心和强健的体质是新课程目标的核心内容，也是当今社会对人才的要求。为了实现这个目标，体育教学必须以获取良好的效益作为目标之一。无可厚非，体育教学要取得上述效益，需要体育教学的各个环节都安排合理、有序，而关键的前提是教师要具备效益意识。由辩证唯物主义理论可知，意识具有能动作用，并且能动作用有两种不同的表现：一是正确的思想意识能够指导人们采取正确的行动，促进事物的良性发展；二是错误的思想意识会误导人们采取错误的行动，对事物发展产生阻碍甚至破坏的影响。只有体育教师具备良好的效益意识，在体育教学实践中才能时刻以这种意识去能动地敦促自己的教学行为，反思自己的教学过程，内省自己的教学绩效，不断总结教学经验，从而逐渐提高教学效果和效益。

（四）需要教师具备反思意识

体育教师的教学反思是体育教师专业发展的重要一环。教师在不断反思与探究的教学过程中提升了自己的专业水平和教育教学能力，这既是体育教师自身发展的需要，也是实现有效体育教学的需要，贯彻落实新课程标准的过程也是体育教师反思性的教学过程。体育教师在体育教学实践中培养自觉的反思意识，形成经常反思的习惯，是有效提高教学效果的保证之一。

体育教师的反思意识及其指导的教学活动有助于克服技术理性主义的教育观，有助于提高和改善体育教师的主体性参与行为，为体育教师的发展提供根本性动力，为提高体育教学效果奠定基础。

体育教师是体育课程有效实施的人力资源，是课程系统的重要组成部分，是体育课程资源创生和发展的重要因素之一。有效体育教学必然是一种反思性实践，有赖于教师持续地反思与探究。长期以来，体育教师比较缺乏理性精神和反思态度。苏格拉底说："没有反思的生活，是不值得过的生活。"在"一切为了学生"有效学习的有效教学实践中，教师必须具有清醒的自我意识。特别是随着新课程的实施，新课程的教育理念、价值观，最终都需要体育教师认真学习、理解领会，并运用到体育教学实践中，在实践中发现问题、分析问题并解决问题。例如，就课程资源的开发而言，体育教师能否成为成功的课程资源开发者，取决于其能否实现由"经验教学"向"反思教学"的转变，能否实现由"经验教师"向"反思性实践者"的转变。但是，在现实中，体育教师的某些既有观念知识深深地植根于其经验、习惯、先例、意见之中，体育教师行为模式的形成与确立常常受一定"先在"观念或知识的导向性支配和影响，他们也很容易把自己的实践想象成习惯性的或必然的。如果体育教师不愿反思自己的教学能力及教学实践的合理性、科学性，则其在教学实践中很可能表现出观念的僵滞和行为的滞后落伍，其实践的合理性也会降低。

具体而言，体育教师反思的内容包括教学主体的合理性、教学工具的合理性和教学目的的合理性等，反思的时间包括课前、课中和课后，反思的步骤包括明确问题——收集资料——分析资料——构建理论假设——实施行动等，反思的方法包括课后小结、写反思日记、观摩与分析、行动研究等。

三、有效体育教学的特征

有效体育教学的特征是指有效体育教学的独特征象和标志，即有效体育教学和低效体育教学乃至无效教学的区分标志，也包括与优质课教学的区别。同时，有效体育教学的特征是最符合有效体育教学含义，最有助于实现有效体育教学目标的征象，它是通过体育教师的具体教学行为来体现的。

（一）充分的教学准备

教学准备是指教师在课堂教学前处理问题和解决问题的行为，也就是教师在制订教学方案（如教案）时所要做的工作，是教师为课堂教学做准备的一个动态过程。充分的准备是教师为确保一门课程或一堂课有计划地进行而对教学活动的精心策划，具有四个方面的意义：第一，由于教师认真研究了教学内容，对教学中的重难点了然在心，就有可能制订出合理的教学计划并按照计划完成教学任务；第二，教师如果在教学前考虑了学生的体育学习基础、运动基础、家庭背景、体能状况、身体素质状况、学习需要等，就更可能有针对性地引发其学习兴趣，满足其学习需要，激发其学习动机，并选择适合的、针对性强的、体现区别对待原则的教学方法；第三，如果教师制订了合理的教学计划，对教学环境和教学过程进行了通盘考虑，能尽量减少教学中的盲目性，提高针对性，产生高度的自信心，增强自身教学效能感；第四，如果教师对教学中的突发事件或教学以外的情况有充足的估计和预测并考虑和设计了应对方式和措施，就可能减少课堂的时间浪费，保证教学在一定程度上按照原计划进行。

（二）体育教学目标的确定与叙述清晰明了，操作性强

制定恰当的教学目标或教学任务是实现教学最优化的第一个工作。制定明确具体的体育教学目标是体育课堂教学设计的关键步骤，是顺利完成教学任务所要达到的要求和标准，是教学活动的出发点和逻辑起点。

体育教学目标的确定与叙述清晰明了，操作性强，至少包含三层含义：首先，在内容上，教学目标要体现身体、心理、社会适应三维健康观，也要体现体育课程的特点，体现体育与健康课程与其他文化课程的区别。体育与健康课程是一门以身体练习为主要手段的学科课程，它的主要教学目标应是掌握体育运动技能、发展体能、增进学生身体健康，而"提高心理健康水平"和"增强社会适应能力"当属次要目标。其次，在可操作性上，教学目标要围绕学生的实际并体现出操作性（教学目标的表述要尽量落到学生的行为上，学生能理解、能观察、能言传、能训练）和可评价性（学生能够自评、互评，也有利于教师评价）。最后，在表现形式上，确定体育教学目标用语要精确、明白、清楚、简单明了、一目了然，不要含糊其词。既要便于学生理解，也要有利于教师自己掌握和操作。

（三）教学材料的处理与准备因地制宜

有效体育教学能以"大体育教学"的观点和视野来选取教学材料，包括所需教学器材。首先，一切有利于实现体育教学目标的内容且能够容易获取或通过一定的努力能够解决的教学材料，都可以选作体育教学的教材。选择教材不能仅依据教师个人的兴趣，而应注重学生的发展和终身体育意识的养成、体育文化素养的提高，而且可以围绕教学目标对现有竞技体育运动项目进行精选、优选和必要的改造。其次，根据教学目标及本地、本校的实际情况，在教学中适当选用新兴运动项目。当然，由于我国民族体育文化源远流长，随着社会的进步与发展以及各民族交往的进一步深入，民族体育运动项目的互相融合和借鉴已是大势所趋。各地可以根据教学

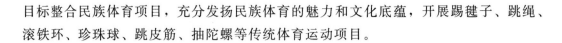

目标整合民族体育项目，充分发扬民族体育的魅力和文化底蕴，开展踢毽子、跳绳、滚铁环、珍珠球、跳皮筋、抽陀螺等传统体育运动项目。

（四）了解学生的初始特征

比较全面地了解学生，掌握学生的个性、体能、技能、体育与健康知识等方面的基本情况，从学生的实际出发，调动学生学习的主动性、积极性和自觉性，是进行有效体育教学的基础。要做好教学准备，教师必须了解学生的两种初始特征：一是初始的认知能力，包括体育基础知识、技术、技能，对体育和体育课的认识，对教学内容的理解和智能等；二是初始的情感特征，包括体育学习动机、体育学习的态度、对体育课的兴趣、对体育教师的态度等。此外，教师要知道学生是否明白体育教学的一般规律和掌握技能、提高体能、改善身体素质的基本规律，是否明白学什么、练什么、怎么学、怎么练等问题。

同时，充分的准备是指体育教师要具备良好的教学设计能力，为确保一节体育课（或单元教学）的有计划进行而筹划教学活动。良好的教学设计要求体育教师既"设计内容"，也要"设计学生"。"设计内容"是指教师在认真研究体育教学内容的特点的基础上，在吃透弄懂教材的基础上，明确教学目的、目标、重点、难点，筹划开展教学的组织方式，如体育课程内容的结构、采取的教学方法、适应不同的教学环境、师生的互动以及对突发事件处理的设想。有效率的体育教师往往会花费大量的时间做教学准备，一节课的准备时间可能比上课时间要多几倍。

当然，从某种程度上来看，教学设计更多的是"设计学生"。因为体育教学内容相对固定，特别是有多年教学经验的熟手教师，对体育教学内容已经掌握得比较娴熟，运用起来相对得心应手。但是，学生的构成却在很大程度上具有差异性、个别性，其思想具有时代性，体育教师不能以传统的眼光对待他们，不能以过多的"预设"看待他们，而要以动态的、生成的视野对待学生，所以，"设计学生"在教学设计中具有更重要的地位。因此，教师在教学设计时一定要考虑学生的实际情况，包括了解学生的现实的体能、技能、身体素质、体育与健康知识水平、心理状态、兴趣、体育态度等。

（五）认真准备教学用具

从课程资源开发的角度来说，教具的准备也是课程开发的范畴。教具准备的目的，是为了更好地进行教学或辅助教学，更好地呈现教学内容，创造良好的教学情境，帮助学生理解体育教学内容，有效地掌握体育知识、技术和技能，提高社会适应能力，又能使学生直接参与体育教学中，提高参与率，提高教学效率，更好地完成教学任务。

教学用具在教学中起着重要的作用，夸美纽斯强调不要只用形式或符号，而要通过感官知觉，鼓励教师要用实事实物或用接近于儿童的观念去教育学生。裴斯泰洛齐则更倡导直观教学法，强调儿童在学习中获得对实物的感官印象。

在体育课中，教学用具的准备主要包括两层含义：第一，必要的体育场地器材，如运动场、体育馆、跳绳、体操垫、各种球类等和体育课直接相关的器材的准备，是让学生从事运动技能学习、参与练习和实践的必备工具；第二，教师的教学媒介，如多媒体设备、挂图等，是体育教师向学生教学的中介物，是连接师生体育知识交流的"桥梁"之一。这些方面的准备充分、有序，不会使教师在上课时匆促马虎，或蜻蜓点水般地走过场，能够提高体育教学的整体效果。

（六）主要教学方法的选择不拘一格

教学有法，教无定法，贵在得法，重在创法。任何一种教学方法都不是万能的，具有应用的情境性。对体育教学方法而言，也不存在任何"放之四海而皆准"的教学方法，不同的教学方法可能适合不同层次的学生、适合不同性质的教材内容，不能机械地根据教学方法来选择教学内容。从理论上来说，只要是能实现教学目标，有利于发展学生的主体性，任何方法都可以采用，而不必拘泥于某一种教学模式或方法。可以借鉴费耶阿本德的"一切皆行"的理念作为指导思想，本着挖掘潜力、因材施教的原则，最大可能地提高学生的体能、技能、社会适应能力、心理健康水平。可以根据体育课程目标，根据课的结构和类型，根据不同教学对象的特点，根据教学场地设备，有针对性地采取灵活多样的教学方法。可从提高学生自练、自学的能力，给学生营造合作学习的氛围，培养学生创造力和竞争意识，运用多媒体等方面加以考虑。

第三章 体育教学方法的设计

随着体育教育的改革深化，促进教学质量的不断提高。其中，体育教学方法的设计起着积极的促进作用。在教学过程中，每位教师都非常重视教学方法的运用运用先进的教学方法固然是十分重要的方面，而创造适应于现代教学发展所需的各种科学的教学方法则是更为重要的方面。它将有利于加强教学方法改革的力度，优化教学过程，从而进一步提高体育教学质量和效果。

第一节 体育教学方法的概述

研究体育教学的原理和方法是分科教学法之一，它主要研究学校的体育教学以及竞技运动和群众体育的教学，重点是探讨增强体质、掌握体育知识技能的规律，指导体育教学实践，提高教学质量。

体育教学方法是指在体育教学过程中，教师指导学生为达到一定的教学目标所采用的一系列活动方式、途径和手段的总称。它主要包括教学策略、教学技术、教学手段三个主要层次。

体育教学方法不等同于其他学科教学方法，不仅有知识系统的灌输，还突出运动技能、技术的指导以及学生个性和思想的培养。根据体育教学所要实现的教学目标、教学时空条件，体育教学方法分别具有以下特点：实践性、双边性、整体性、继承性、发展性。

实践性：体育教学方法与体育教学实践密切相连，体育教学与身体练习和心理活动是分不开的。掌握动作技术的含义和形成运动技能只有学生只有通过具体活动才能形成。所以，体育教学方法的基本精神、作用方式、具体步骤、详细要求等，都是可以操作的。同时，教学方法的实践效果，又是检验其优劣的重要指标。教学方法实质上反映着教师的教学思想和能力水平。

双边性：教学方法与教师和学生都有密切的关系，教学方法中存在着教师的教法和学生的学法的内在联系。但是在教学方法中，教学方法需要充分考虑学生的学习目的和学习方式，由教师设计，由教师来传授方法，即统一教学方法应该是师生共同活动中存在的。双边性还有一个解释就是好的教学方法必须是教的方法和学的方法的完美结合，教的方法和学的方法是可以区分的，因为教的行为主体和学的行为主体是分开的，同时教的方法和学的方法也有难以区分的一面，因为在教学行为上两个行为是互动的、相互依存、相互成立，也是随时转化的。现在提倡学法研究的重要意义不在于去区分哪些是教法哪些是学法，而在于研究教法的同时，还要考虑学生的学习情况。

整体性：体育教学方法是多种多样的，每种方法都有其独特功能和使用范围，适用于所有教学条件的万能方法是不存在的。不同的教学方法共同构成一个完整的方法体系，各种具体方法彼此联系，紧密配合，互相补充，不可分割，综合地发挥着整体效能。教师在运用时，应看到各种方法的相互作用，根据教学的需要，相互配合地运用各种方法，使每一种方法的运用都成为整个教学过程的重要的一环。例如，要有效地预防和纠正学生由于动作概念、要领、方法不清所产生的错误，就要特别重视讲解与示范的方法，注意提高语言和直观的质量与效果；运用分解法是为了使学生完整地掌握动作，在教学中，分解法往往是与完整法相互配合的。所以，只有多种教学方法相互配合，发挥其整体效应，才能使教师顺利达成教学目标。

继承性：体育教学方法也可和其他教育现象一样，具有历史继承性。在长期的体育教学实践中，人们为了提高教学实效，非常重视对教学方法的研究，并且积累了相当丰富而宝贵的实践经验。其中，有些在一定程度上反映了教学的客观规律，至今仍在沿用，值得我们认真总结，整理，并借鉴其合理的部分。任何新的体育教学方法不可能从零开始，它必然从多方面吸收地利用以往传统的教学方法中的一切合理的成分，并在新的历史条件下赋予它新的内容。

发展性：时代在发展，体育教学方法也会永远固定不变的，而是随着社会的变化和体育教学的发展而不断变化和发展。社会发展与时代要求以及体育教学内部所反映的教学目标、教学任务、教学内容、教学对象等都是影响教学方法产生与发展的因素。在这些因素影响下的教学实践是体育教学方法创造、丰富与完善、多样化和动力。在体育教学实践中，教师必须根据时代精神、内容性质和对象特点等客观条件，勇于开拓，不断创新，使体育教学方法更能适应教学的实际要求。

学习研究体育教学方法可以优化各校体育教学，是其他院校进行体育教学方法研究的基础，推广到更多的学校当中去。它主要有以下四点意义：体育教学方法是联结教师教育学生学的桥梁；体育教学方法是进行教学活动的前提条件；体育教学方法对更高的培养人才，提高体育教学质量有重要的作用；体育教学方法可以有效地提高学生体育学习的积极性。

一、教与学互动，引导学生学会学习

教法与学法有着密切的联系。学生怎么学，在很大程度取决于教师怎么教以及教师指导学生怎么学。同时，教会学生学习、掌握好的学法是教学的一项重要任务。不管我们运用任何一种体育教学方法，都应当保证师生双方的协调活动。只要营造了良好的体育课堂心理气氛使学生能从思想、情感、行为上真正融入课堂教学活动之中。使学生能够做到"求""趣""行""创"、"活"。所谓"求"即激发学生的求知欲望。"趣"是运用语言艺术巧妙设疑，引发学生的实践兴趣。"行"即是提供机遇让每一个学生都有平等的表现机会，让他们相信自己能行。"创"即创造力的培养。在实际教学中要构建和谐的课堂教学氛围，使学生形成最佳的情绪状态，激发学生的创造意识，培养学生体育认知兴趣，促进学生的创造能力。"活"即活跃课堂气氛。这样，教学的作用就不只是把知识技能教给学生，更重要的是进行学法指导，让学生"会学"：学会学习、学会思考、学会创新。这是体育教法改革的核心所在。实践证明，学生有了自主学练的能力和良好的锻炼习惯，就如同长翅膀，增加了腾飞的力量。这一特点决定了体育学习方法的主体是理解动作技术，掌握动作技能的方法，达成心理、身体的健康发展。要让学生有及时"动脑""动手""动口""动耳""动眼"的时间和空间，在学习体育知识和技能的过程中掌握学习方法，促进体育能力、意识和体育习惯的养成。

二、区别对待，促进身心和谐发展

两千多年前，我国最早的一部教育专著《学记》指出："学者有四失，长善者必知之。人之学也，或失则多，或失则寡，或失则易，或失则止，此者心之莫同也。知其心，然后能救其失者也。教也者，长善而救失者也。"这就是说，教学要根据学生的不同缺点，区别对待，发挥其优点，克服其缺点。在体育教学中，不同年龄阶段的学生，在生理和心理上都具有不同的年龄特征，即使同一年龄阶段的学生，由于其先天的遗传素质，后天的生活环境和所受的教育以及学生本身实际情况的不同，在身心发展的可能性、方向和水平上也都存在着差异。这就要求教师对学生的教育、训练等方面也要因人而异，从学生的具体情况出发，做到区别对待，有针对性地进行教学。它要求我们教师做到：（1）必须全面深刻地了解学生，以便根据他们的实际情况（家庭环境、技能基础、学习动机、态度等方面）来施教。同时，还要尊重学生的个性特点，扬长避短，发挥优势，促进学生的身心健康发展。（2）加强对学生体育文化素养教育，讲解动作要领与方法要注重原理的阐述，并能同横向的文化课知识相联系；注重培养学生自学、自练、自创、自我评价和监督的能力。（3）对在某些项目表现有特殊才能的学生，在对他们提出更高要求的同时，给予特殊的培养和教育；对于能力表现一般的学生，要从他们已有基础出发，给予热情的关怀和照顾，善于发掘他们身上的积极因素，因势利导。

这样，才能有效地解决课堂上学生"吃不饱"和"吃不了"的现象。充分发挥和挖掘学生的个性潜能，促进不同层次的学生都得到最优的发展（技能上的提高或是心理上的发展），达到全面提高学生的身心素质，更好地提高教学的效果，也有效地达成了新课程"关注每一位学生的健康成长"的理念。

三、运用现代化教学手段，提高教学效果

大家都知道，在体育教材中有很多腾空、高速、翻转的技术动作。学生很难把这些瞬间完成的动作看清楚，也就很难快速建立一个完整的动作表象。教师放慢速度又影响动作的完整性及效果。这时教师只能反复示范，重复讲解，最终的结果是影响了教学进程，而且，过多的讲解和示范还容易让学生产生错误认识。这也是传统体育教学模式中的一个难题。如何在实际教学中有效地解决这些问题，已成为体育教学改革的关键。随着课堂教学手段的巨大变革，计算机技术已走进了校门，进入了课堂，多媒体课件已成为提高教学果的有效手段。在体育教学中运用多媒体课件这一新的教学手段，对于解决上述问题将起到积极作用。

多媒体课件是与教学内容紧密相连的成品课件，或教师根据教学需要自己设计制作的课件。运用多媒体课件来解决教学中的重、难点易如反掌。在教学过程中，把教师自己很难示范清楚的技术环节，用课件中的动画或影像表现出来或把空中动作停下来示范给学生看，这样就帮助学生看清了每个技术细节，更快、更全面地建立起表象，加深了对动作的理解，缩短了泛化过程，自主进行探究，合作学习。这样，对帮助学生快速掌握、学习内容，提高教学效果是非常明显的。例如，在教学"跨越式跳高"的时候，学生很难把握"空中收、摆腿"的感觉。同时，在空中的姿势容易变形，而教师在示范时也只能一气呵成，一放慢，动作就容易失误，所以，如果运用多媒体制作就简单多了。教师利用制作了一个"跨越式跳高"的动画片，分成助跑、起跳、腾空、落地四个连贯的动作，并在每一步中都加入了错误的动作动画，并加入了一些特别的音乐，一听就知道动作行不行。于是，在教学时，先请学生们观看该动画片，并逐步演示成功与错误的对比动作，让学生进行比较、分析，在脑子中形成动作的概念。当在实践时，教师只需稍加示范或讲解，较之传统教学相对而言，便有了比较明显的效果。这样一来，教师就不用"扬长避短"了，在制订教学计划时就会从全面发展学生各项素质的角度出发，而不受自身因素的影响。同时制作课件的过程也加深了教师对各项技术的理解和认识，提高自身的知识水平和讲解技术要领的能力，更重要的是解决传统教学中解决不了的难题。

四、寓教于乐，实施快乐体育

在我们的中小学体育教学中，特别是小学体育教学中，快乐体育不失为适应学生学习水平技能学习提供良好的教学环境，促进积极学习的一种好的教学方式。教学法一旦触及学生的情绪和意志领域，触及学生的精神需要，这种教学法就能发挥高度的有效的作用。而"快乐体育"恰好应对了这种教学思想，它将某一抽象、生硬、难以理解的运动技能分解后溶解于具体化、形象化、生活化的情景中。如在教学"立定跳远"这一课时，教师通过精心的组织和构思引导学生想象青蛙的跳跃动

作，再以情景游戏"青蛙捉害虫"开展运动技能教学，其间再辅以针对起跳角度太低或太高的情景设问："害虫在禾苗的最高处或稍低处，我们怎样才能捉到它？"结合教学对象的生理、心理特点，再通过创编故事与创设适宜的教学情景，有计划、有步骤地开展"立定跳远"运动技能的教学工作，充分调动了学生参与活动的兴趣，使学生能联系生活实际，自主积极地参与到有趣的练习中。从而保证了掌握运动技能的初学过程的顺利入门，为提高与完善阶段打下了良好的心理情感迁移基础，这也正体现了快乐体育的趣味性原则与情境原则对掌握运动技能的帮助与促进作用。

五、倡导合作与探究，发展创造性思维

新课程倡导对学生合作与自主性探究学习方式的培养和训练，旨在培养学生的创新性实践能力。在教学中，教师应注意综合运用开发学生创造力的各种方法，努力创设促使学生合作与独立探究、发散求异的教学环境和氛围，形成鼓励学生自由发表独创见解，热烈讨论的课堂气氛。如果教学总是从确定的前提出发，经过确定的过程，得出确定的结论，造成学生思维的直线性，不利于培养学生思维的合作性、独立性和创造性，妨碍了学生思维品质的优化。在教学中，教师应当注重启发引导，使教学内容保持一定的思维价值，推动学生思维能力的发展，掌握创新的方法。例如，通过学生自编游戏的方法、优化组合动作和重新排列动作组合、学会逆向思考问题等方法来发展学生的创新思维有良好的效果。教师不仅要提出有多种解答方案的发散性问题，启发学生独立地谋求解决问题的多种途径和方法，以训练学生的创造性思维，而且要鼓励学生大胆质疑，重视培养学生发现问题和提出问题的创新能力。例如，在"快速跑"一课中，以跑为主教材，以游戏为辅助教材，课上以一张普通的纸为教具，通过让学生小组合作交流，自己动脑、动手自制接力棒、小飞机、纸垒球等活动用具，不但培养了学生的创新意识，并"活用""乐用"，使学生增强了学习热情，也提高了练习兴趣。通过导趣，引导学生乐学；通过导思，引导学生活学；通过导法，引导学生会学；通过导做，引导学生善学，同时，寓环保教育于课堂，把课堂活动提高到了一个新的水平。

总之，体育教学方法是随着体育教学理论和实践的发展而发展的。现代化的体育教学方法赋予身体练习以更多的智力化色彩，将发展体力与开发智力结合起来，提高体育教学的科学化水平，有助于学生的身心健康发展，建立起一个始终能够保持教学方式与学习方式动态平衡的、具有生命力的课堂教学改革创新机制。

第二节　体育教学方法的分类

分类就是根据事物的共同点（主要是本质特征）和差异点，将事物区分为不同的种类。分类依据的根本是事物的内在属性，教学方法的分类亦是如此。教学方法

分类的目的是为了使人们在教学过程中能够更好地分析、认识这些方法，能够掌握多种多样教学方法的各自特点、功能、作用、应用范围及适用条件，以及教学方法发展运动的规律，从而使教学方法能够充分地发挥它们在教学活动中积极有效的作用。但是，由于教学观念不同，教材内容的多样性，教学对象的差异性，教学自身的发展性，构成了内容极其丰富、结构相当复杂、特点与功能各异的教学方法体系，使得教学方法分类工作本身就变得复杂而困难。因此，目前在教学论研究领域中对教学方法的分类研究，尚未提出一个公认的统一标准。

一、体育教学方法分类的几种不同观点

目前，对体育教学方法的分类存在以下观点：一是除了把体育教学方法分为教育方法、"三基"的教学方法、锻炼方法三大类别外，还列出了发展学生个性的方法系列；二是把体育教学方法分成指导法、练习法和思想品德教育法三个类别；三是对体育教学方法进行"一般教学方法"和"特殊教学方法"的区分；四是把体育教学方法分为两大类，即体育教学过程中的教授法和体育教学过程中的学练法。教授法包括传授体育知识和技能的方法、发展体能的方法、发展思想品德教育和发展个性的方法等；学练法包括自学法、自练法、自律法、创新法和养护法等。随着体育教学研究的不断深化和教学实践的发展，体育教学方法的分类必将越来越全面，越来越科学合理。

二、常用体育教学方法分类介绍

从有利于选择和运用教学方法的角度出发，这里介绍几种目前国内常用的教学方法分类。通过总结、比较、分析，我国常用的体育教学方法可分为以下几大类：

第一类，根据教学活动的主体性将教学方法归纳为三种基本类型。即教师主导型、学生自主型和师生互动型教学方法。这种分类方法在不同学科教学中具有较大的通用性。

第二类，根据体育教学任务进行分类，将完成某一类教学任务常用的方法相对地分为一类。例如，传授体育与卫生保健知识、掌握运动技能、锻炼身体的任务等。

第三类，根据师生之间信息传递的方式进行分类，将信息传递方式相同的方法相对地分为一类。例如，视觉信息、听觉信息传递等。

第四类，主要根据体育教学方法使用对象进行的综合分类。例如，普通体育教学方法（讲解法、动作示范法、练习法、程序教学法等），大纲中各项教材的具体教学方法（短跑教学法、跳高教学法、游戏教学法等）。

第三节　体育教学方法的选择与应用

体育教学实践中的教学方法很多，每一种方法都有其特点和局限性。所以，教师在实际教学中必须结合具体的客观条件和自身的主观情况，周密计划、合理选择并组织运用好具体教学方法的实施程序，才能获得满意的教学效果。

一、教学方法的选择

古今中外积累的教学方法十分丰富，而且随着现代体育教学理论与实践研究的不断深入，越来越多新的、有效的教学方法又被不断地创造出来。因此，对教师的教学来说，最基本的问题是如何选择教学方法。教师能否依据教学实际正确、合理、有效地选择教学方法，已成为影响教学质量与教学效果的一个关键性问题。但各种具体的教学方法既有内容的特定性，鲜明的个性和特定的教学对象，还受到教学设备和条件的制约。而任何教学都是具体的，有特定的教师、学生、教学内容和设备条件。这就要求教师必须遵循一定的科学依据，综合考虑各种因素和自己所具备的各种条件，选取适当的教学方法，并合理地进行组合，才能收到理想的教学效果，提高教学质量。选择体育教学方法时，应考虑以下几个主要因素：

（一）教学的具体目标与任务

不同的教学目标和教学任务，需要不同的教学方法去实现和完成。一般来说，教学目标包括认知、情感和动作技能这三个领域，每个领域又分为若干个层次。因此，不同领域或不同层次的教学目标必须要借助于相应的教学方法和教学技术。例如，如果教学目标强调知识的接受，则可相应地注重采取以语言传递信息为主的讲解方法；如果以学生掌握动作技能为主要教学目标，则应以采用实际操作为主的教学方法。所以，选择教学方法的指导性因素应是具体的教学目标。这些教学目标既应包含着知识内容目标，也应包括认知技能和认知策略方面的目标，还应包括培养和发展学生情感态度方面的目标。这就要求教师能够掌握相应的教学目标分类知识和方法，能够把教学中的抽象目标分解转化为具体的可操作性目标，并依此来选择确定具体的教学方法。

（二）教学内容特点

不同课程以及科目的教学内容不同，在知识要求、能力培养、技能训练等方面的教学任务与教学目标是有根本区别的，所要求的教学方法当然也就有着明显的差异。而同一课程及科目，在不同阶段、不同单元、不同课时，其内容也是不一致的。对学生的知识掌握、技能训练、能力培养的要求也不相同，同样要求在教学方法的选择上要具有多样性和灵活性的特点。这就要求教师应该把握各个教学方法的适用范围，能够根据不同的教材内容特点和教学需要，选择所需要的教学方法。

（三）学生的身心发展状况

学生的身心发展状况主要指学生现有的知识水平、智力发展水平、学习动机状态、年龄发展阶段的心理特征、认知方式与学习习惯等因素。心理学研究和教学实践都表明，学生的身心发展状况与教学之间存在着相互作用。所以，教学过程中教学方法的选择要受到学生的个性心理特征和他们所具有的基础知识水平条件的限制。同一年级的学生对某种教学方法的适应性可能会有很明显的差异；同样，对于不同年龄阶段的不同年级的学生，对同样一种教学方法的适应程度也不相同。这就要求教师能够科学而准确地分析研究学生的上述特点，有针对性地选择和运用相应的教学方法，使学生在学习掌握知识、形成技能的同时，促进他们的身心向更高的水平和阶段发展。

（四）教师自身的素养

教师的素养在教学过程中主要表现在他的表达能力、思维品质、教学技能、个性特长、教学风格特征、组织能力以及教学控制能力等方面。任何一种教学方法，只有适应了教师的素养条件，并能为教师充分理解和把握，才能够在实际教学过程中充分发挥出它的功能和作用。教学方法本身虽然好，但并不一定适合于每一位教师。因此，教师在选择教学方法时，应当根据自己的实际优势，扬长避短，选择与自己最相适应的教学方法。同时，教师应当在自己的发展过程中，不断提高自身素质和水平，并能根据自己的素养条件，丰富和改造现有的教学方法，逐步形成具有鲜明个性特征的高水平的教学风格。

（五）教学方法本身的特性

教学方法总是具体的，有着自己的特性，表现在与特定内容的亲和性，对特定设备及特定对象的要求，对学生身心发展作用的差异等方面。教学方法是多种因素的有机组合，存在着效率与平等、教师与学生、规模与质量、知识与能力、统一与个性之间的矛盾。这一切决定了一定的教学方法本身具有自己特定的职能、适应范围的应用条件。例如，讲授法有效率高、规模大、突出知识传授等长处，但却在培养个性、能力和提高学习质量方面有较大的局限性。

（六）教学环境的要求

教学环境主要指学校教学设备条件（实验仪器、实验设备、图书资料、器材设施等）、教学空间条件（教室、场地、实验室、活动室等）和教学时间条件等。教学环境状况对教学方法功能的全面发挥起到一定的制约作用，特别是随着现代化教学手段在教学中的充分应用，会进一步开拓教学方法的功能和适用范围。教师在选择教学方法时，要在时间条件允许的情况下，最大限度地运用和发挥学校教学设备和教学空间条件的功能与作用。

上面所阐述的教学方法的选择，是依据教学活动的基本因素确定的基本准则，但并不是一种僵化或教条的规定，也不是确定的一种孤立的、一成不变的教学方法使用规则。一方面，选择教学方法的主要目的是为了在运用这些方法的过程中，实现教学目标和教学任务的要求。另一方面，现代教学活动也不可能寻找到一种普适性的"万能"或"最佳"的方法，也不可能确定出一个选择教学方法的唯一"最佳"程序。

二、教学方法的应用

选择确定了教学方法并设计出教学方案后，在实际教学活动中还存在一个如何正确实施应用的问题。为解决这一问题，在实际教学中必须注意贯彻以下原则：

（一）要发挥教学方法的整体功能

教学方法的应用，一要考虑充分发挥由教师、学生和课程构成的教学的整体功能，使之实现整体大于部分之和的系统功能；二要注意发挥出不同教学方法构成的综合整体功能，使各种方法有机配合，收到良好的教学效果，提高教学质量。

（二）要坚持启发式教学指导思想

启发式教学既是一种方法，更是一种教学指导思想。启发式是指教师从学生的实际情况出发，把学生当成学习的主体，应用多种有效手段调动学生学习的积极性、独立性、主动性和能动性，引导学生通过自己积极的学习活动去掌握知识，形成技能，发展能力和促进个性健康发展。启发式是相对于注入式而言的。启发式尊重学生的主体人格，强调指导学生的学习方法，重视学生的技能形成、能力发展和个性展示。而注入式则忽视学生的主体能动性，从教师的主观出发，把学生置于被动地位，只注重教学过程的知识传授。因此，为了促进学生全面健康的发展，在应用教学方法时，需要自始至终地贯彻启发式的指导思想。

（三）要综合应用各种教学方法

无论是教学目标、教学内容，还是教师素养、学生的身心发展，都是多方面的，教学手段、媒体也是多种多样的，这决定了任何一个教学活动都应综合使用各种方法。同时也要求教师在教学方法的设计应用中，要坚持综合化，形成具有内在有机联系的教学方法组合。

（四）坚持灵活性，渗透教育机制

不同教学方法的设计和使用，使用时间的长短，以及使用中学生的反应等都是非固定性的，都是因时因地因人而异的。这就要求教师在教学方法的选择使用中要灵活机智，随时把握好不同方法的应用。特别是要具有方法使用的机智，根据课堂教学中不同方法使用时出现的特殊课堂气氛和突发的因素，巧妙地因势利导，采用一些新颖的方法，从而收到意料之外的良好效果。

第四章 体育课堂组织形式的设计

所谓体育组织形式是教师依据场地器材、学生自身发展状况以及教学内容等，以实现教学任务为目的，实行的多种组织方式，其内容主要有组织形式和教学常规两方面。而课堂组织设计是进行体育教学非常重要的一种方式，也是学生锻炼身体、获取技能的一个重要途径。

第一节 课堂教学组织形式概述

一、教学组织形式的含义

关于教学的组织形式，不同的专家学者、教科书和专著对其定义不尽相同。有的学者认为，"教学组织形式就是关于教学活动怎样组织，教学的时间和空间怎样有效地加以控制和利用的问题"；有的学者则认为，"教学组织形式就是教学过程中教师和学生的'搭配'，在一定程度上定型化了的持续的模式"；还有的学者认为，"教学的组织形式就是由既定的作息制度和规章制度规定的师生之间的相互作用"。虽然上述定义的表述互不相同，但其深层含义是相通的。

第一，从外在表现来看，教师和学生都要服从一定的教学程序。学生以集体上课、小组或个人形式完成教师为他们设计、规定的学习任务。

第二，师生的活动必须服从一定的时空限制，并结成一定的"搭配"关系。

第三，师生以这种程序和"搭配"关系组成的共同活动，直接或间接地相互作用。

第四，在这种相互作用中，包括了教学内容、教学方法和教学程序步骤在时空上的综合。

辩证唯物主义认为，内容决定形式，形式又反过来作用于内容；形式具有能动性。同样，教学组织形式尽管被活动内容所决定，但也可以反作用于活动内容，使活动内容有所改变并使教学活动发挥更大作用。由此可知，教学组织形式如何、组织得正确与否，直接关系着教学的质量和教学目的的实现。

二、几种主要的教学组织形式

(一) 班级教学

1. 班级教学的基本特点

班级教学也称班级授课或集体授课。它是根据年龄或知识水平把学生编成有固定人数的班级，由教师按照教学计划统一规定内容和课时数，并按课程表进行教学的组织形式。它有三个基本特点：

第一，以"班"为人员单位，学生在班级中进行学习，班级人数固定且年龄和知识水平大致相同。

第二，以"课时"为单位，大致一个学年、学期，小至一个学周、学日，以至一节课的教学过程，都是以课时为时间核算基本单位。教师同时面对全班学生上课，有统一的起止时刻。

第三，以"课"为活动单位，把教学内容以及传授这些内容的方法、手段综合在"课"上，把教学活动划分为相对完整且互相衔接的各个教学过程单元，从而保证了教学过程的完整性和系统性。

2. 班级教学的优势及局限性

(1) 班级教学的优势

①一位教师同时教许多学生，教师一般按平均水平（假想或实际）进行教学，以满足大多数学生的需求，扩大了单个教师的教育能量，具有规模效益。

②以"课"为教学单元，能在规定的时间传授较多的内容，可使学生的学习循序渐进、系统完整。

③由教师有目的、有计划地精心设计、组织并进行的"课"，是以教师的系统讲授为主的，并兼用其他方法，有利于发挥教师的主导作用。

④固定的班级人数和统一的时间单位，有利于学校合理安排各科教学的内容和进度并加强教学管理，可促使教学快速进行。

⑤教师与学生直接面对面，可以及时搜集反馈信息，加强师生间的相互交流，有利于及时调整讲授内容与方法。

⑥班级集体内的群体活动和交往有利于学生健康人格的形成，有助于学生建立集体感和班级精神，加速学生的社会化过程。

(2) 班级教学的局限性

①从事班级教学方法的教师倾向于把学生看作一个在一般能力、兴趣、学习方式和动机等方面同质的组，教学是针对假想的中等水平的学生，只适应班上的部分学生，难以照顾学生的个别差异，不利于因材施教。

②学生的学习主要是接受性学习，不利于培养学生的探索精神、创造能力和实际操作能力。

③由于以"课"为活动单元，而"课"又有时间限制，因而往往将某些完整的教材内容人为地割裂以适应"课"的要求。

④不适宜完成动作技能目标，对情感领域的教学目标也收效甚微。

3. 班级教学的主要形式

（1）课堂讲演

众所周知，讲演是班级教学的主要授课形式。课堂讲演包括讲解法和演示法。

讲解法就是教师向学生讲述事实、概念、原理，或描绘事物的现象以及发展过程和规律，或推导公式的由来的语言表述过程，它适应于各科教学。演示法是教师展示各种直观教具、实物或进行动作示范，使学生获得有关事物现象的感性认识的方法。在实际教学中，讲解法和演示法常常结合起来使用，以激发学生的学习兴趣，加深学生对概念、原理的理解，人们一般称之为讲演法。

（2）课堂回答

课堂回答是教师根据学生已有的知识或经验，提问学生并引导学生经过思考，对所提问题自己得出结论，从而获得知识、发展智力的教学方法。在使用该方法时教师应注意以下几点：

①做好充分准备。

②向学生提问的问题要尽量多。

③要面向全班同学提问，不能只限于少数几个同学，各个层次的学生都要照顾到，特别是胆小、不善发言的学生。

④所提问题应难易适宜，过难过易都不利于调动学生学习的积极性。

⑤针对学生回答问题的情况给予适当的反馈。

（3）课堂练习

课堂练习是以学生自身的独立活动为主的学习活动，一般是让学生做操练和练习，有时也让学生预习或重温动作技能。

课堂练习大都是以动作练习的形式进行的。要使学生从动作练习中受益，练习必须是课堂学习的动作技能有意义的延伸，教师要认真研究其规律性。

为了达到满意的练习效果，应做到以下几点：

①使学生明确练习的目的和要求，并在有关理论指导下进行练习。

②及时反馈学生的练习结果，以便纠正。

③练习方式可根据情况灵活掌握。

④注意练习的循序渐进性。

⑤做好练习总结。

（二）小组教学

1. 小组教学的特点

班内小组教学是把一个班暂时分为若干个小组，由教师规定共同的学习任务，并由学生分组学习的班级教学形式。其特点是在全班上课的基础上开展小组活动，班级仍然保留；小组不是永久性的，主要为具体的教学活动而组建，期限一般是几周或一个学期。在小组的构成上应以学习情况或性格特征不同的学生编排在一起为好，这样小组成员间可以取长补短。在小组人员的编排上一般以 5～7 人为宜，小组成员过多，积极活动的学生数就会减少；小组成员过少，则对提出观点的丰富性以及补充意见的多样性不利。偶数组和奇数组也有区别，偶数组较难一致，经常发生冲突情境和对抗。小组可以是学科小组，也可以是活动小组，主要视学习任务、活动目的和性质而定。

小组教学可以在任何年级和任何课中开展，但最适合各科新内容学习之后的强化巩固，即分组讨论。小组讨论是学生根据教师所提出的问题，在小组成员中相互交流个人的看法、相互启发、相互学习的一种教学方式。小组讨论的问题可以是教师提，也可以是学生提。在小组讨论中，学生彼此提问和回答问题，并且对彼此的回答做出反映。教师主要起监督指导作用，扮演较次要的角色，作为问题的调节者，要尽量让许多学生一起参加讨论，保证讨论不离题，并且帮助学生总结。

2. 小组教学的利弊

小组教学的优点主要是可以给学生提供更多的直接参与学习的机会，有利于培养学生的参与意识和领导组织能力；师生之间、学生之间的相互作用可以促使学生民主与合作精神的形成；有利于情感领域和动作技能教学目标的实现，如形成态度、某些动作技能的训练等。但是小组教学也存在一些缺点，主要是教学进度不容易控制以及教学目标难以一致。

因此，教师在使用小组讨论的方式时，最好根据自己的教育目标，考虑使用此法的利弊。因为在教学过程中有时小组讨论会适得其反。但以下几种情况特别适合于小组讨论，并且能取得很好的效果。①在许多问题中，有一些问题并不只有一个答案；②虽然问题只有一个正确答案，但包含较难的概念，需要学生从不同的角度加以论证；③当学生试图理解一个与常识相反的困难概念时，小组讨论有助于概念的理解。

3. 几种常用的小组教学形式

（1）随机分组：按照某种特定的方法将学生分成若干组。

（2）同质分组：分组后同一个小组内的学生在体能和运动技能上大致相同。

（3）异质分组：分组后同一个小组内的学生在体能和运动技能方面均存在差异，各组之间在整体实力上的差距不大。

（4）合作学习：课程和教学研究领域非常强调的一种学习方法。无论是在游戏活动还是竞赛活动中，合作都是获得成功的重要因素之一。

（5）帮教型分组：根据教学的需要，我们可以组织部分学生直接对其他学生进行帮助，这就形成了帮教型分组。

（6）友伴型分组：如果让学生自己分组进行活动，大多数学生会选择与自己关系较为密切的同学在一起进行练习，这就是友伴型分组。

4. 选择分组形式应注意的事项

（1）选择性：在体育教学中，应根据不同的教学内容、不同的教学对象、不同的场地器材条件，选择最合适的分组练习形式，不能常年如一日地使用一种组织形式，也不能为了"花架子"任意地变换分组练习形式。只有采取最合理的教学形式，才能使教学内容与教学组织形式相得益彰，提高体育教学的效果。

（2）灵活性：在体育教学中，教学的分组形式不能一成不变，应根据教学过程中发生的情况灵活加以使用，应根据形式的实际情况及时地进行调整，力求达到最佳的教学效果。例如，在支撑跳跃教学中，有时应采用同质分组，有时应采用帮教型分组，主要视实际情况加以调整。当学生水平参差不齐时，教师应及时把学生调整为帮教型分组，便于对"学习困难的学生"进行辅导和帮助。

（3）综合性：在体育教学中，教学的分组形式不能一成不变，应根据教学进程和教学内容的变化，综合应用多种分组的练习形式，促进每一个学生的发展。

（4）自主性：新课程倡导学生体验式学习。体育课应力求为学生创设一个宽松、愉快的活动空间，让学生自主地选择形式，教师只起协调、指导的作用，使学生在充分"自主"的环境中，充分地参与体育活动，达到激发学生学习兴趣和积极性的目的。

（三）个别化教学

1. 个别化教学的特点

个别化教学是为了适合个别学生的需要、能力、兴趣、学习进度和认知方式特点等而设计的教学方法，但它并不单纯意味着个体独自学习。

采用班内个别化教学，教育者可因人而异地给学生提出各种学习要求，并花一定时间以一对一的形式辅导学生。其特点是在全班上课的基础上再照顾到班上学习速度慢的学生或学习速度快的学生，以及有特殊需要的学生。教师给学生布置的学习任务以及辅导必须以该生的学习准备、学习特点和个性特点等为依据；教师的作用主要在于指导和帮助学生自学和独立钻研；学生的学习由教师"扶着走"向独立过渡。

教师不管采用哪种方法进行个别化教学，他都必须吃透教材，分析教材，将教材化成具有逻辑联系的步骤，以便学生自学。为了发挥个别化教学的最好效果，教师要注意以下几点：

（1）学习的步调。个别化教学最典型的形式就是将所学材料转化成一系列的学习活动或任务，让学生以自己的步调学习同样的任务。

（2）教学目标。个别化教学需要教师设置各级水平能力上的目标以适应不同的学生。教师可以让每个学生通过同样的目标顺序，也可以调整目标以适应不同学生的需要、兴趣和能力。

（3）学习活动或材料。个别化教学中的另一个变量是学习活动本身。即使学生迈向同样的目标，但他们使用的手段可能不同：有的可能依赖于课本；有的则可能需要阅读一些课外辅助材料；还有部分学生则可能需要使用视听媒体。

（4）评价教学的手段。个别化教学对学生的学习评价手段应有所不同。书面表达有困难的学生，可以先进行口头测验，或者以磁带录下他们对书面测验的口头回答；聪明的学生可让他们写一篇论文或感想、计划之类的文章。有些学生适合于正强化，而另一些学生则有必要"敲打敲打"；频繁的测验对有些学生可能很有效，另一些则不然；有些学习结果也可以以非语言的形式展示，如图画、图表、制造模型、实际操作等。

（5）个别辅导。个别辅导常用三种形式：一是成人的个别辅导，较易行，也很有必要；二是同伴辅导，很有效；三是模拟一对一教学情景的个别化教学程序，如教学程序和计算机辅助教学等。

2. 个别化教学的优点

任何学习都必须经过学习者主体内部操作，才能变成他自己的认知结构。从这个意义上来讲，任何形式的学习最终都必须转化为每一具体个体的独特的方式，学习方可奏效。

（1）个别化教学可使教学适合每个学生的学习需要、能力水平和学习速度，有利于因材施教。

（2）它可调动每个学习主体的学习积极性，使差生不致失去信心，优生不致失去进一步学习的机会和条件，从而使每个学生都能从教学中受益。

（3）它有助于训练学生的独立学习、自主学习责任、独立钻研和自我教育的能力。

（4）学习的时间和空间灵活性大。

3. 个别化教学的局限性

（1）若长期把个别化教学形式作为主要的教学形式，会削弱师生之间、学生之

间的相互作用，不利于合作精神的培养，同时，也不利于竞争意识的形成。

（2）若用单一途径和固定不变的学习方法，学生可能会感到单调无味，削弱学习的热情，容易疲劳。

（3）个别化教学不是适合所有的学生，特别是有些缺乏学习自觉性的学生，可能会拖延学业。

（4）个别化教学"代价昂贵"，需要比其他教学形式花更多的时间、精力、财力和物力。

（5）个别化教学不利于学生交往能力的发展。

三、学生学习活动的管理策略

开放的学习过程、多样的学习活动、重视学生学习的主体性，这些使体育教学的复杂性、多变性、学生之间的差异性比以前大大增加了，对学习活动的管理变得非常重要，这就对教师的教学调控经验和学习活动管理能力提出了挑战。要提高学习活动的管理水平，需要从教学设计开始。下面介绍一些体育与健康课程改革所倡导的学习活动的管理策略。

（一）将学习的第一机会和权利还给学生

这是新课改所倡导的学习活动管理与现行和传统教学最大的不同，它不像过去那样，一说加强管理，就要由教师说了算，由教师操纵、掌管教学进程和学习活动的所有关键环节。在现行课堂教学中，一般都是教师在先、学生在后。例如，教师先提出问题，学生听清问题，再思考回答问题；教师示范，学生练习操作。即便是在所谓的探究式教学中，也是如此。这样，看起来学生的学习活动有序了，可是长此下去，就会使学生失去主动学习的机会，这不是新课改所倡导的。

（二）学生之间的差异是学习活动的推动力

学生之间的差异不仅包括学生原有的知识基础、能力水平、认知方式、文化背景、生活经验、人格特质等很多方面的差异，而且包括学生在教学进程和学习活动过程中面对教学情景和学习任务所产生的差异。在传统的课程中要么无视、忽略这种差异，要么害怕、拒绝这种差异。在新课改中，强调应该正确认识和对待学生之间的各种差异，希望能够将这些差异既作为教学工作的必然所在、魅力所在，也善于将这些差异作为非常有意义的教学资源和学习活动的推动力。

（三）使每个学生都能参与，都有所提高

由于目前班级学生人数过多，体育教师对新的教学方式又缺少经验，所以遇到的突出问题就是，如何使每个学生都能够积极参与到体育学习活动中来，而不是被

少数优秀学生所"垄断"。体育教师可以尝试通过策略使每个学生都能参与学习活动中来，并且都能有所收获、有所提高。如设置适合的具有驱动性和易参与的学习任务，运用合适的小组合作学习形式，明确小组长的职责，使小组成员各负其责、分工合作，教师巡回、重点跟踪、加强指导，利用适当时机，组织全班学生对新的学习方式和教学组织形式进行交流等。

（四）利用多种交流形式，有效分享经验

体育课中的交流有多种形式，如小组内的交流、小组间的交流、教师与学生之间的交流；学生在教学初始阶段就课前所做的学习准备进行交流，学生围绕着制定练习方案进行交流，学生就探究的过程和结果进行交流，指定小组交流、指定小组代表交流之后其他学生补充发言等。

在组织学生交流时，教师需要特别注意以下问题：①有些学生只关注本小组的汇报，而不注意倾听其他小组的发言汇报，这是最普遍也是最严重的问题。教师面对这种情况一定要进行引导和管理，要向学生提出明确的要求，要进行必要的重申、强调。②学生由于年龄、心理等多方面的原因，往往是做得多、想得多、小组内交流得多，但一到全班交流时就说得少，说得不到位，无法真实反映小组探究和讨论的具体情况，这对于大班教学条件下教师准备了解学生的所思所想会造成不少困难。针对这种情况，教师应多使用一些诱发性的追问性策略，而且要在课前教学设计时多进行换位思考，对学生的各种情况考虑得仔细些，在课上要善于将自己融入到学生小组活动中，善于倾听、善于提问、善于捕捉、善于判断。

（五）适时引导，顺应主流，分清层次

在新课程倡导的教学方式下，学生练习活动的时间比原来长，开放自主程度比原来大，面临的问题也更加综合、真实。在教学进程中，学生反馈给教师的观点、想法、问题和困难也比原来多了许多，而且是各式各样的。面对这种情况，很多体育教师，特别是年轻体育教师经常会出现，要么看到学生乱了套，自己大脑一片空白，茫然不知所措，对场面完全失控；要么关注局部不及其余，全然忘记了班里其他学生；要么只顾自己按照自己准备好的教案讲，对学生的各种情况熟视无睹；要么眉毛胡子一把抓，有求必应，什么问题都要管，结果自然时间就成了最大的障碍。解决这些学习活动中出现的问题的管理策略就是适时引导，顺应主流，分清层次。

所谓适时引导，是指在保证将学习和活动的第一机会交给学生的前提下，多问学生这样的问题：你是怎么想的，为什么这样做而不是那样做，你的解释和观点是什么，你的证据是什么，你需要什么帮助，如果另外的同学不同意你的观点，你怎样说服他们？一方面，要尽可能深入地了解学生的原有认识和想法；另一方面，要敏锐抓住时机，对学生进行适时引导和帮助，引导的方式可以是多样的，例如，示

范、讲解、提问、纠正错误、启发、强调正确的认识和做法、组织学生进行交流等。

所谓顺应主流，是指学生在练习中会产生许多新的问题、遇到不少预料不到的现象，这些通常教师讲授时不会出现。这是以学生为主的多样化教学方式的优势所在，却也给教师带来了困难。由于教学时间有限，所以教师要注意把握教学的主流方向，判断学生们遇到的主要问题和普遍性的问题是什么，有针对性地予以指点、引导，甚至可以顺应主流及时调整教学进程。如果是枝节性问题，首先要积极鼓励，并予以记录、疏导，可以酌情创造课外进一步练习的机会。

所谓分清层次，主要指在课堂教学的交流、总结阶段，教师一方面要充分关注学生们自主、探究、合作学习活动中获得的各方面的收获和体会，不要造成教师的总结与学生的学习活动和过程经历完全脱节的情况；但另一方面，也需要根据教学时间的条件，先交流总结最重要的教学目标所要求的内容、多数学生的探究收获和问题，然后再展开对相关内容、枝节性的细节问题的交流讨论。

第二节　教学组织管理技能

一、教学组织管理技能的含义

体育课堂教学是指在法定的一节课中，针对教学计划的内容由教师和学生在规定的教学地点进行体育知识、技能与方法的教授和学习活动。由于体育课教学一般都是在室外或体育场馆内比较大的空间进行，而且教师与学生、学生与学生之间的身体接触与交流互动更加频繁、更加密切，这使得体育课堂教学的组织管理显得尤为重要。为更好地进行体育课堂教学活动，体育教师往往采取多种教学方法与手段来干预学生的课堂行为，以达到更好地管理课堂教学的目的，体育教师所采用教学方法与手段就是教学组织管理技能，这是作为体育教师应必备的专业技能之一。

体育课堂教学组织管理技能是指体育教师为保证体育课堂教学的秩序和效益，对体育教学环境、人际关系、教学纪律，以及教学反馈等方面进行的设计与控制工作。其包括基本内容和具体内容。

体育教学组织管理技能是课堂教学的综合性技能，是教师在体育课堂教学过程中，在遵循体育教学特性和一般教学规律的基础上，遵照一定的教学原则，根据课堂教学目标、教材性质、对象情况及教学环境条件等因素，有意识、有目标、有根据地对体育教学实践过程的一种安排、选择与控制，采取的一系列组织管理、调节控制、反馈强化措施。是维持课堂纪律、组织练习、保持队形以及处理紧急事件，形成良好的课堂教学环境气氛，引导学生良性发展的行为方式，以确保体育课堂教学沿着预定的课堂教学目标有序进行，使课堂教学取得预期效果，保证课堂教学质量。

二、教学组织管理技能的特点

（一）多维性

体育教学组织管理反映的是教学活动中人员、时间和空间的组织和安排，当我们从教学组织形式的角度来说明一种教学活动时，我们至少必须从人员、时间和空间等方面来加以考虑，否则就不可能对教学组织管理形势有全面的了解。体育教学活动中对人员、时间和空间组织管理形式同时并存，也决定了体育教学组织管理技能的多维性。

（二）多样性

体育教学组织管理形式的多样性与其多维性有着密切关系，但从体育教学组织管理形式的发展看，是从简单到复杂、从单一向多样化发展，如个别教学—班级教学—分组教学—友伴群体教学等。而体育教学组织管理形式的多样性是与教学目标、教学内容、教学对象等制约因素分不开的，且随着人们对教学目标认识更全面，对体育教学内容、结构研究更深入，以及对教学对象及其特点的认识更科学化，必然会使体育教学组织管理形式出现新的发展和变化，从而使得体育教学组织管理技能更加多种多样。

（三）整体性

目前的班级教学制不仅是就学生的组织而言，它还包含了教学空间的组织，即体育课堂教学。但它存在着能顾及学生的个别差异、忽视因材施教等局限性，这说明班级教学制还需进一步发展和完善，而与其相应的教学组织管理技能也应整体性地随之不断丰富与发展。

（四）严密性

在体育课堂教学过程中，表现为学生众多，身体运动形式剧烈多变，身心负荷量大，学生活动范围广，人际交往频繁，外界干扰刺激多，教学环节转换快等特点。这就要求体育教师的教学组织管理技能必须严密，以调动学生的积极性、合理使用场地器材、防止伤害事故的发生、保证课堂教学的质量和效率。

三、教学组织管理技能的功能

（一）有助于吸引学生的有效注意

由于体育课堂教学一般都是在室外或体育场馆内比较大的空间环境进行的特殊

性，使得教师运用良好的教学组织管理技能，才能吸引学生的有效注意．提高学生学习的积极性．并以此成为实现有效课堂教学的前提。

（二）有助于合理使用场地器材

体育教师运用良好的教学组织管理技能，能有助于合理布置场地器材，充分利用场地器材，创建良好的课堂教学环境，保障教学安全，调动学生练习的积极性，增加学生练习的次数，提高课堂教学效率和质量。

（三）有助于创造良好的课堂教学气氛

体育教师运用合理有效的教学组织管理技能，能影响学生的运动认知活动，影响学生的情绪体验，影响学生的学习行为，有助于创造良好的课堂教学气氛，有助于促使学生产生积极主动的体育学习行为。

（四）有助于各教学环节的衔接

体育教师运用合理有效的教学组织管理技能，能有效地调动队伍队形，科学地安排和控制好运动负荷，能更合理地组织好课堂教学过程，使课堂教学各个环节衔接得流畅自然。

四、教学组织管理技能的要素

（一）教学控制

教学控制是保证顺利完成课堂教学任务，实现课堂教学目标的基本保障。教学控制的内容包括教学容量控制、教学时间控制、教学节奏控制。

1. 教学容量控制，要求体育教师在科学合理地安排好课堂教学内容，能在法定的一节课时间内，将体育知识、技能与方法信息更多更好地传授给学生，这是教学控制的基础。

2. 教学时间控制，要求体育教师在法定的一节课 45 分钟，科学合理地分配各个环节的时间与学生练习的次数，这是教学控制的基本保障。如课的开始部分时间一般是 5～10 分钟；课的基本部分时间一般是 30～35 分钟；课的结束部分时间一般是 5～10 分钟。

3. 教学节奏控制，要求体育教师要根据学生特点，科学地控制好课堂教学进程和各部分的练习负荷，这是教学控制的手段。

（二）过程组织

体育课堂教学过程组织要求教师在整个教学过程中，要始终对学生的注意力及练习加以必要的控制。过程组织包括合理安排练习小组、灵活运用教法、合理安排练习场地与器械。

1. 合理安排练习小组，要求体育教师要根据学生特点和学习内容，合理安排练习小组及组长，以便于教师组织教学。

2. 灵活运用教法，要求体育教师在课堂教学过程中，根据学生特点，结合教学内容，灵活地运用多种教学方法，以达到预定的课堂教学目标。

3. 合理安排练习场地与器械，就是要求体育教师在课前要合理安排和布置好练习场地与器械，以最大限度地提高场地器材的利用率。

（三）引导与纠错

体育实践教学具有技能操作为主的特点，在体育课堂教学中，引导与纠正学生技术动作练习中的错误是体育教学的重要环节，是通过教师讲解示范—学生模仿练习—教师指导—纠正错误—再练习体会—再巩固提高等环节，直到学生完全掌握动作技术与方法，这对学生正确掌握技术动作起到关键作用。包括引导和纠错两方面。

1. 引导，引导学生按照正确规范的动作技术进行练习，指导学生掌握正确的练习方法。

2. 纠错，教师不仅要纠正学生在练习中的错误，还要指出错误的原因所在，并要给予鼓励性评价。

（四）应急处理

由于课堂体育活动比较剧烈，而且学生之间的身体接触也非常频繁，突发的意外事件时有发生，作为一名合格的体育教师必须要具备应急处理的能力。体育课堂教学中的偶发事件主要来源于教师方面、学生方面及教学环境等。

1. 教师方面，要求体育教师要做到讲解时语言准确、清晰、简洁、易懂，重点难点突出，示范动作规范、正确、清楚。

2. 学生方面，要求学生课堂行为要自律，练习过程要有序，并注意相互保护与帮助。

3. 教学环境，课前不仅要对场地器材等教学内部环境做认真细致的检查谨防意外情况发生，还要注意教学外部环境的变化，并做好应急预案准备，以免影响正常教学。

（五）鼓励总结

体育教师要在课堂教学过程中，及时对学生的练习与行为做及时恰当的即时评价、总结和鼓励，并尽量采用鼓励性语言或积极评价学生的练习与行为，以增强学生的信心，提高学生的士气。包括鼓励和总结。

1. 鼓励，要求教师要尽量使用"很好""很棒""加油"等鼓励性的语言或赞许的目光，对学生的练习不断提醒和鼓励，以建立学生的学习信心和勇气。

2. 总结，在教学活动告一段落时，为把握活动最终效果，而对教与学的结果进行总结性评价。

五、教学组织管理技能的原则

（一）教学关系民主化原则

体育课堂教学过程是师生、生生交流互动的过程，并要体现出"以学生发展为本"的理念，这就要求教师在选用体育教学组织管理技能来营造师生平等、民主、合作的心理氛围时，不仅要重视创设多向的师生教学交流情境，更要珍惜师生的情感交流与共鸣，在合作平等互动的课堂活动中促进教学相长。

（二）物质资源条件有效利用原则

在学校所拥有的教学场所、设备、器材等物质资源中，教学场所是开展体育课堂教学活动的必要空间条件，而设备、器材则是师生发生互动的中介和传递教学信息的媒体，这就要求教师要合理选用体育教学组织管理技能，对教学物质资源充分利用与合理组织，这是提高课堂教学效率的重要因素。

（三）课程的性质和内容制约性原则

体育课堂教学的特点主要是以技能操作和身体活动为主，而且体育课程资源与课程内容也具有多样性，这使得教师要根据体育课程的性质、内容和学生特点来选用多种体育教学组织管理技能，为达成一定的体育课堂教学目标服务。

（四）尊重学生个体差异原则

青少年学生正处在身心发展的关键时期，由于受各种条件的影响，使学生在生理和心理上存在明显的个体差异。教师在选用体育教学组织管理技能时，应充分注意到学生在身体条件、兴趣爱好和运动技能等方面的个体差异，确保每一个学生受益。

（五）整合性原则

每一种教学组织管理技能都各有利弊，因而要根据课堂教学内容、教学目标、学生年龄、生理和心理特点等，将全班教学、分组教学、个别指导等组织形式进行动态整合，综合选用各种体育教学组织管理技能。

六、教学组织管理技能的分类

（一）受控型体育教学组织管理技能

受控型体育教学组织管理技能是指教师讲解或示范时用到的组织管理技能。此类技能对教师讲解与示范的目标要求较高，既要保证全体学生都能听到、看清，又要保证教师有足够的空间示范动作。教师站位一般采用教师站在横队前的横队形、梯队形，教师站在队伍中间的圆形、"H"队形、"V"队形、"U"队形等形式。

（二）纠控型体育教学组织管理技能

纠控型体育教学组织管理技能是指教师在学生练习时巡回纠错过程中的组织管理技能。此类技能在体育课堂教学中最常见，而且组织形式有集体练习、分组练习等多种形式，是教学衔接的主体。根据教学内容需要一般采用的形式有，教师站在队伍前的纵队、教师站中间的圆形、广播体操队形等；练习组织形式有蛇形跑、沿对角线跑、迎面跑、围绕器械跑等。

（三）练习型体育教学组织管理技能

练习型体育教学组织管理技能是指教师分配练习场地、器材、负荷量等方面的组织管理技能。此类技能主要受教师掌握技能的熟练程度、纠错能力、保护与帮助及对学生出错的预判能力等方面的影响，教师一般采用散点站位、弧形站位等形式进行集体纠错与指导或个体纠错与指导。

（四）随机型体育教学组织管理技能

随机型体育教学组织管理技能是指贯穿于整个教学的控制、提示、指导和应急处理等过程中的组织管理技能。这类技能没有固定的组织形式，但需要教师要有较强的应急组织管理能力，在体育课堂教学中使用较少。

七、教学组织管理技能的策略

（一）组织对象要熟悉

体育教学组织管理的对象是教学的主体，这就要求在课堂教学前，教师要了解学生的性别、人数、年龄、生理和心理状况、体育知识与技能的基础等基本信息，据此来有针对性地确定和选用教学组织管理技能。同时还要根据学生的年龄特点，突出它的教育性、人文性，在传授体育知识、技术、技能的同时，也应注意锻炼学生的身体，促进学生身心的全面发展，切合实际地做到因材施教。

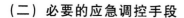

（二）必要的应急调控手段

体育教师要对可能存在的隐患事件做好预知判断，有针对性地向学生指明可能存在的危险，并运用组织手段合理地安排练习与场地，达到课堂调控的目的。此外，教师还要掌握一些必要的急救手段，在出现突发事件或意外伤害事故时，要及时合理地控制突发事件的扩散，沉着冷静地处理好，防止事态发展和恶化，尽快恢复课堂教学秩序，既要保证学生的安全，又要保证教学活动顺利进行。

（三）适宜的外部环境

体育课堂教学受环境因素影响较大，这要求体育教师在课前准备时，还要对教学环境做充分的了解和布置，尽量保证充足的教学空间，并利用教学空间经常更换练习条件、练习方式、练习内容等，以引起学生的学习兴趣，激发学生的运动热情。

（四）教学队伍的安排与调动要合理

体育课堂教学中，从课的开始部分组织讲解队形，到课中学生练习环节的队伍调换、集中讲解、学生练习、教师指导纠错等队形，再到课的结束部分的放松练习队形与小结队形等环节都离不开队伍的安排与合理调动，而且调动队伍时还要保证各教学环节衔接自然流畅。这就要求体育教师要合理利用场地、采用合理恰当的站位方式及调动队伍方法，提高课堂教学效率，达到最佳的课堂教学效果。

（五）运动负荷的安排与调控要合理

体育课堂教学对运动负荷的安排与调控时间包括课前、课的开始部分、课的基本部分、课的结束部分等。体育教师要选用多种调控方法，不仅要确保学生实际从事练习的时间，还要确保各部分的练习密度与运动负荷的合理变化，科学合理地安排练习内容，并适当改变练习顺序，增加练习次数，以保证达到预计的练习密度与运动负荷。

（六）组织方法选择要多样

体育课堂教学组织形式、组织方法的选择要有新意且要多样，避免单调与乏味。如下案例：

第三节　课堂组织管理技能的提升要求

不论在哪种教学模式下，不论采用哪种教学方式，体育教师的组织管理能力都是不容忽视的。体育课堂教学基本上都是在室外进行的，受环境的影响很大，存在许多不确定因素，对体育老师的组织管理能力提出了很高的要求。在传统体育教学中，一堂体育课由老师精心设计、安排，细致到对每个项目的每个练习的次数、完成的组数、每一次调整队形以及对学生每一个运动技能细节都要进行详尽设计，体育教师必须要有较强的组织管理能力才能完成。而新课程的体育课，又带来更多的诸如自主学习、合作学习、探究学习等新的学习方式，在组织方法、教法手段上又有很多的创新，这就对体育教师的组织管理能力提出了更高的要求。

一、组织对象要熟悉

体育教学的组织是体育教学活动中师生相互作用的一种结构形式和方法，是联系教师的"教"和学生的"学"的纽带，其运用是否合理不仅直接影响着教学过程的速度与规模，而且影响着教学的质量和效果。

首先，学生是学习的主体。不同的教学对象在教学中的组织管理方式不同。体育教师要充分了解并研究学生，包括所教学生的人数、年龄、性别、身体状况、体育基础和生理心理特点、个体差异等情况才能更好地进行合理教学分组；了解并研究学生的具体情况，有利于体育教师制定或修订科学的、符合学生的、操作性强的体育课堂教学常规及正确执行教学常规的方法措施，组织有效的体育教学。

例如，在小学体育课"集合—解散"的训练中，教师可以把全班分成几个小队，围成几个简单的图形。在解散状态下，听到集合哨声时，比一比哪个小队集合的速度快、队列整齐，看一看哪一队的队员精神饱满，听一听哪队队员报数的声音响亮有力，并予以表扬。队列的游戏还有：一切行动听指挥、挑战应战、穿城门、春种秋收等，体育游戏可以激发学生的学习兴趣。

同样的教学内容，假如教学对象是高中学生，那么教学组织时就不应该使用太儿化的话语与行为，比如，真聪明、真可爱、老师觉得你们好棒啊这种话语，使学生产生异样感。

其次，根据学生年龄特点，切合实际因材施教。体育教学必须突出它的教育性、人文性，在传授体育知识、技术、技能的同时，也注意锻炼学生的身体，促进学生身心的全面发展。因为体育教学对象差异较大，不能一味地以一种标准衡量全体学生，要做到因材施教。

例如，在队列队形课中有许多军事化的内容，在实际教学中，这种军事化的要求对小学生来说是不切实际的。我们不要一味地以高标准去要求他们，否则只会使他们的生理、心理都承受巨大的压力。在教学原地踏步和齐步走的练习中，教材中对于摆臂的角度与幅度有很高的要求，对部分小学生来说是较难达到的。而且对动作进行刻意的强调，会使学生的注意力分散，进而影响整个动作的准确性，容易产生排斥抵触的情绪。

在教学中，面对这些难点，需要教师降低动作难度，使学生易于做到。如练习

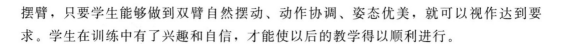

摆臂，只要学生能够做到双臂自然摆动、动作协调、姿态优美，就可以视作达到要求。学生在训练中有了兴趣和自信，才能使以后的教学得以顺利进行。

二、必要的应急调控手段

课堂中的偶发事件是很多的，尤其是体育课堂在更开放、更自由的空间内，发生突发事件的可能性较高。体育课堂偶发事件具有不可预料性、影响广泛性、种类多样性和处理紧迫性。面对这些特点，体育教师应掌握哪些必要的应急调控手段呢？

首先，要有对可能存在隐患的事件的预知能力。如有些学生向老师提出一些与练习内容无关的问题，实则是恶作剧；或有些学生在比赛中别人跳起时故意推他一把，实则只是开个玩笑；或有些学生在投掷练习时，表现欲过强，在同学捡器械时，私自投掷，实则只是想表现一下自己。这些案例在体育课堂中经常发生，所隐藏的危险也是较高的。因此，体育教师要有对隐患事件的预知能力，有针对性地向同学指明可能存在的危险，并运用组织手段合理地安排练习与场地，达到课堂调控的目的。

其次，要有控制突发事件扩散的能力。课堂上的偶发事件，常常使学生个人产生较为强烈的情绪体验，对学生以后的学习、品德及个性的发展都会带来巨大的影响，甚至会产生负面影响。课堂上发生的突发事件，尤其是冲突类事件，假如教师不能合理地控制事态发展，那这类突发事件可能会产生更严重的后果，对于教师和学生都是沉重的打击。课堂发生突发事件并不可怕，只要老师沉着冷静，能够及时合理地处理，即可防止事态的恶化。因此，体育教师应具有控制事态扩散的能力。

最后，要有处理紧急突发事故的能力。体育课堂教学与一般课堂不同，其课堂中包含许多危险性因素，例如，体育课经常发生各类意外伤害事故。因此，教师应急管理手段中还应包括必要的急救手段。由于突然发生的事故，往往使正常的教学进程被迫中止，引起整个班级的混乱，这类事件必须立即处理，既保证学生安全，又保证教学活动顺利进行，尽快恢复秩序的正常进行。

此类案例在全国各地都有出现，体育课堂中的突发事件一般都是非功利性的，造成的结果却可能是危险的。比如，案例中展示的两次事故，就冲突本身而言并无利害，造成的后果却是严重的，这就要求体育教师在教学过程中，要始终保持清醒的头脑及必要的应急处理能力，科学安排练习，减少或避免高危性突发事件的出现。

三、适宜的外部环境

适宜的外部环境是实施体育课堂组织的基础。体育课堂教学受环境因素影响较大，在教师的课前准备中，教师除了备课本、备学生以外还要备环境。因为体育课堂的教学环境是特殊的，独一无二的。因此，周围环境的好坏直接影响到体育课堂的开展情况。体育课堂组织管理的外部环境主要包括哪几部分呢？

第一，教学空间要充足。体育课堂属于室外实践课，其活动空间相对室内课要大很多，组织管理难度也较高，因此，足够的教学空间对于实施体育教学和学生练习有直接的影响。现在许多学校存在体育场地短缺的现象，造成的后果就是体育课变成室外席坐课，多数学生整节课都蹲在角落里耗时间，只有少数积极参与体育活动者在场地上进行练习。

第二，教师要经常更换练习场地。在教室内，学生都很喜欢换座位，这是由于学生对于新事物的好奇心。室外体育课有足够的时间进行队伍调动，而每次队伍调动都会引起学生学习的兴趣。利用学生的好奇心和爱新鲜的心理倾向，激发他们的锻炼热情。

例如，小学队列课中练习齐步走、四面转法、正步走、立正、稍息、踏步等，我们可以利用室内多媒体展示阅兵场面，让学生感受练好队列队形的重要性，以此激发他们内心涌动的激情，使学生受到感官的刺激，产生跃跃欲试的心理。

四、教学队伍的安排与调动要合理

队伍调动是体育课堂教学各环节的衔接。从课的开始到结束都离不开队伍的安排与调动，课开始时的组织讲解队形、课中练习区域调换、集中讲解以及纠错的组织形式，课后的快速集合及放松队形，不仅能严密教学组织，而且有利于师生的课堂交流，为学生学习创造有利条件，直接影响体育教学的效果和质量。

（一）合理利用场地

队伍组织与调动要在一定的场地中进行。场地大小应根据人数多少而定。一般而言，一个教学班至少要有相当于一个篮球场地大小的活动面积。为了方便队伍的整体调动，可将场地假定标出一定的标记。

教师对场地规划后，在组织安排队伍时便不会出差错。比如，课开始时教师可以在上中心点或下中心点处集合，并面向场地内区域，有利于教师讲解示范。教师实施口令时也比较明确，例如，一组到左上角集合，二组到右上角集合等指示性口令的发出便不会令学生产生位置矛盾。

（二）教师的站位方式

在组织队伍调动时，教师的站位也是有要求的。现在教学中教师采用最多的站位方式分为三角形站位、圆心站位、多列平行队伍中间站位、队伍调动过程中的随队站位、学生练习场域外指导站位及纠错保护站位等。无论采用哪种站位形式，最终目的就是要有利于教学实施。队伍调动时，教师应先走，然后再下达口令。

（三）教师队伍调动方法

在体育教学中最常见的队伍调动方法是口令法。准确的口令法对学生快速理解有较大的帮助，这主要表现在口令的唯一性上，不能让学生产生误导或者是口令下达产生歧义。比如，在横队转为纵队时，老师可以下达"向右转——右转弯，齐步走——踏步走——立定——向后转"等一系列口令来实现，假如场地允许，也可以直接下达向右转的口令，然后老师移动到队伍前面就可以了。

除口令调动法之外，在体育课堂中用得比较多的是标志物辅助调动队伍法和游戏音乐队伍调动法。前者指教师可以在场地上画标志线或放标志物，表明行动方向，使学生行进时能一目了然，迅速移动。例如，一路纵队蛇形行进时，教师站在排头位置，即可引导学生完成；也可以事先演示一遍，让学生明确方向、路线和要求，然后指挥学生进行队伍调动。后者是在队伍移动时采用游戏的形式，或者是配合音乐的节奏来完成队伍调动的方法。

在实践过程中，采用多样的队伍调动方式，不仅能够达到队伍调动的目的，还可以提高学生的积极性，达到最佳教学效果。

（四）体育课堂教学队伍调动的基本要求

第一，体育课堂教学队伍的调动有利于学生练习。构成体育课堂教学队伍组织的因素包括队形、学生的站位、老师的站位、队伍的方向以及队伍调动路线。例如，初学健美操主要由老师领做，可采用半弧形学生交错站队形式；学习跨栏时学生应面对栏架站立，以提高观察效果；活动性游戏较多采用圆形队伍；等等。

第二，队伍调动时机要适合，动作要迅速。虽然体育课堂中的队伍调动是必不可少的，但是队伍调动与练习时间存在反比关系，队伍调动越频繁，花费时间越多，那么学生练习的时间越少。体育课主要是一门以学生练习为主的课程。体育课的目的就是让学生参加体育锻炼，队伍调动过多会影响练习的时间与连贯性，所以体育课堂队伍调动一定要适时，且不能重复调动。比如，教师讲解完后要求学生分散练习，之后又发现学生练习错误，结果全部集合整队再讲解，这样就是一种练习时间的浪费，是不合理的队伍调动。总之，教学队伍的合理安排与调动在体育课堂组织中占有重要比重，是课堂组织管理技能强弱的重要体现。一次课中队伍调动的次数不宜太多，时间也不宜太长，做到步调一致，调动合理迅速。

五、运动负荷的安排与调控要合理

运动负荷又称生理负荷，指学生在体育课中从事身体练习时所承担的量与强度对机体的刺激程度。运动负荷包括运动量和运动强度两个方面。在锻炼时只有运动负荷保持适宜，才能收到较好的效果，运动负荷过小过大都不行。

体育课的运动负荷要符合学生的身心发展水平。体育课是以身体练习为主的一门课程，体育课上学生要承受一定的运动负荷，是体育课区别于其他课程的主要标志，也是学生掌握运动技能、发展学生身体素质、体验运动乐趣及实现体育教学目的的基本前提。体育课堂中的运动负荷的调控也是课堂组织管理技能应注意的要点之一，因为一节体育课的好坏最直观的评价就是负荷的变化。

一般是以运动后的即刻心率作为运动时的心率。通常认为心率达到 180 次/分钟时为大强度运动，达到 150 次/分钟时为中强度运动，120 次/分钟时为小强度运动。医疗体育中常用的运动负荷衡量标准是：正常人运动后最大负荷的心率＝120－足龄数（次/分钟）。

检查体育课运动负荷：将测试者在安静时、准备活动时、课内的基本教材练习时、整理活动时和课后 5～10 分钟内所测得的心率变化情况，绘制成曲线图表。根据曲线所示的变化，分析评估体育课的运动负荷是否合适。一般来说，大学生体育课的运动强度，平均心率达到男 130～150 次/分钟，女 130～140 次/分钟是较为适宜的。

一堂体育课合理的生理负荷安排，应呈正态分布。一般应由小到大，逐步加大，大中小强度的负荷合理交替，一堂课即将结束时，应逐渐降低生理负荷，促使学生较快地恢复到相对安静的状态。

体育课堂组织调控运动负荷的方法有多种，调控的时间包含课前、课的开始、课的基本部分、课的结束。调控方法一般可采用以下几种：

（一）练习密度的合理变化

学生在体育课堂中的技能练习，是体育课的主体部分。增加或减少练习次数或者是同一练习项目的重复练习次数，不仅可以保证学生实际从事练习的时间，还可以保证适宜的体育课练习密度与运动负荷。现在的教学大纲要求老师在课堂中要精讲多练，保证学生的练习密度。充分的练习强度是练习密度的基础。

（二）练习内容的合理安排

第一，体育教学内容的选择与再加工是体育教学的前提，许多练习项目都具有限制性，合理地改变运动形式及规则不仅能够使教学内容适合教学对象，而且更易于实施教学。例如，在中学投掷类项目的教学中，掷标枪的内容可以改为掷垒球，既增加趣味，又达到了教学目的。同时，还能减少教学内容的危险，实现练习内容的合理组合。

第二，适当改变练习的顺序，增加练习次数。体育课各个练习之间不同的间隔与联系会产生不同的运动负荷的累积效应，其中，影响较大的是调整练习间歇时间。如延长或缩短练习之间的间隔时间等。增加练习的重复次数，可以改变学生实际练习的时间，保证适宜的体育课练习密度与运动负荷。

除以上两点外，适宜的练习密度的调控方法还有热身练习的调控、组织教法的变化等，具体的方法应视具体情况而定。

（三）发展速度素质的组织与管理

一般来讲，速度素质是练习者快速运动的能力，主要包括反应速度、动作速度和移动速度，三者之间是相辅相成的，相互影响和促进的。这里主要讲发展学生移动速度的组织与管理。移动速度的提高是比较缓慢的，而且在训练过程中强度较大，对学生心肺功能要求较高，这在一定程度上影响课堂教学的组织与管理。因此，在发展速度素质的组织与管理过程中，应注意：

1. 速度练习要与运动项目特点及要求紧密结合

动作结构不同的速度练习，所获得的速度能力是不同的，而且速度能力是通过完成某一动作表现出来的，因此，速度练习应与某一项目结合起来进行。

2. 合理安排速度练习的时间与顺序

合理地安排速度练习的顺序和时间，才能使速度练习与其他素质练习之间有良性的迁移。一般来说，速度练习应放在力量练习之前进行，发展快速能力所进行的力量练习应主要采用动力性练习，练习中应穿插进行一些轻快的跑跳练习。速度练习最好安排在课的前部或中部，学生精力充沛时进行。

3. 合理安排速度练习中的负荷

速度练习属于大强度的练习项目，在速度练习时必须用 $95\%\sim100\%$ 的强度进行，采用中低强度负荷进行练习，效果和作用不大。因而完成这些练习的持续时间要适当，要使练习接近最后时不因疲劳而降低动作速度，一般来说，速度练习的持续时间不应超过 $20\sim30$ 秒。

在进行速度练习时，还应严格掌握好练习的间歇时间，以不降低学生练习的兴奋性为主要标准。练习的重复次数应根据学生的特点、练习性质及持续时间等具体因素来确定。

（四）发展耐力素质的组织与管理

耐力是指有效完成动作与练习，对抗疲劳的能力。耐力练习是非常枯燥的，大部分学生对耐力练习，尤其是长跑有反感心理，体育课上最害怕教师安排跑圈，因此，耐力练习时应注意与培养学生的意志品质、思想作风和心理素质的提高与发展结合起来。在发展耐力素质的组织与管理中，应注意：

1. 根据教学对象，合理安排负荷强度

耐力练习对呼吸系统的功能要求较高，尤其是对心肺功能发育不完善的少年儿童进行耐力训练，在安排练习时更应慎重。练习量不能太大，应把耐力练习作为全面发展身体的一个方面来安排，不宜过多地进行强度过大的耐力练习。在练习过程中，可以用脉搏来控制练习的强度，一般来说，心率达成 130～160 次/分钟时，其练习强度为中等，心率达成 180～200 次/分钟时为大强度。

2.合理安排练习的距离、次数和间歇时间

一般来说，跑的强度小，练习次数和距离可以增加，间歇时间可短一些，这样有助于疲劳的积累，提高其抗疲劳的能力。跑的强度大，跑的次数和距离可减少，间歇时间可长些，这样可使学生的机体得到一定程度的恢复，便于进行下一次强度大的练习。

3.变换耐力练习的形式，提高学生练习的积极性

传统的耐力练习大都是长跑，学生对此存在畏惧心理，因此，体育教师应改变耐力练习就是跑圈的练习方式，采用形式多样、新颖的跑，以达到同样的锻炼效果。其措施有游戏性练习，越野跑或在田径场上进行的"M"形跑、"S"形跑和"8"形跑等，以提高学生练习的积极性。

（五）发展力量素质的组织与管理

力量是从事任何运动项目的基础，在组织学生进行力量练习时，不同年龄阶段要慎重安排。对于小学生来讲，不宜进行负重练习，主要采用双人练习、实心球游戏、传接球游戏、爬梯、立定跳、跳山羊等练习来全面发展力量。对中学生来讲，可增加中等负荷的负重练习，负重量不要超过本人体重的 2/3，一般不采用负重下蹲练习。由于力量练习容易造成运动损伤，因此，在组织力量练习时应注意：

1.力量练习应循序渐进，以中小负荷练习为主，不宜在疲劳状态下进行。

2.力量练习前要做好准备活动，练习结束要注意放松与按摩。

3.在灵活性和耐力练习后，不应做大重量力量练习，以防运动损伤。

4.枯燥单调的力量练习会令人厌倦乏味。在组织学生进行力量练习时，应变换不同的练习方法，增加练习的新颖性，提高学生的练习兴趣。

六、组织方法选择要多样

体育课中，同一教材在不同课时中重复练习的难度要求是不一致的。在教学中，如果对同一教材的重复练习每次都采用同样的组织方法，学生自然会感到枯燥无味而分散注意力。因此，对于同一教材的重复练习，教师要根据技能教学的规律逐步提高动作难度，适当改变组织方法，激发学生的学练兴趣。比如，在队形、行进的路线和练习的次序等方面做出适宜的调整和改变。

在设计教学组织方法时，还要结合教材特点及教学的重点难点和学练内容的特点灵活运用集体练习、小组练习和个人练习的不同组织方法，强调师生互动、生生互动。值得一提的是教师在教学设计和教学实践中，不能一味讲求组织队列队形和组织方法上的新颖、美观，而要依据课堂组织教学的原则，力求高效，从而提高体育教学的实效性。另外，课堂上常会生成与预设不同的情形，教师要在课堂短时间内重新调整原定组织教法，以适应新的变化，这种能力，需要我们体育教师在教学实践中不断磨炼，不断反思，积累形成更多的体育教育教学智慧，增强自己驾驭课堂教学的能力。

上述两种方法在组织教学方面有较大差别，在练习的机会方面，第二种设计的教法机会要多得多。在采用的方法方面，第二种设计包括游戏、竞赛等方法更为灵活。在教技术动作方面，第二种通过学生的实践，发现技术要求在比赛中体会，在此基础上进行较为完整的技术教学，最后通过追逐跑巩固技术，学生学得积极、主动。

在小学体育教学中，往往过于强调运动技术，采用一些像训练运动员那样的枯燥的教学步骤，一步一步地教动作，一个一个地纠正，但忽视的就是怎样才能使学生学得有趣，怎样才能使学生增加练习的机会，真正地使学生身心得到全面有效的发展。当然，上述第二种教法实例在教起跑的技术方面没有第一种具体仔细，要知道体育教学的目标不只是掌握技术，更重要的是促进学生身心的全面发展。

第五章 体育课堂教学技能训练的概述

课堂教学是学校教育的基本组织形式，为了全面实施素质教育，教师必须更新教学观念，改进教学方法，优化教学结构，提高课堂教学的有效性，从而让学生的身心得到健康的发展。通过提高体育课堂教学技能，能激发学生的学习兴趣，提高学生锻炼身体的积极性，帮助学生掌握知识技能，提高课堂效率，发挥学生的想象力和创造力，提高学生的综合素质。

第一节 体育课堂教学技能分类与形成

教学技能是教学技术或方法有目的、熟练完成的教学行为，即教学技术能够完成，并且可观测的教学行为方式。体育教学技能就是为了实现体育教学目标，在体育理论与教学理论的指导下，通过不断练习而逐渐形成的，熟练完成体育教学任务的行为方式。体育教学技能概念内涵强调技能是通过不断练习而形成的，其技能形成的标志就是能够熟练完成教学任务。

一、体育教学技能的分类

为了改进教学技能分类中的不足，顺应体育与健康课程改革对体育教师提出的新要求，完善体育教学技能分类体系，在前期研究成果基础上研究体育教学技能分类非常有必要。

科学合理的体会教学技能分类，有助于体育教师深刻认知教学技能，使科学训练有效并形成教学技能，从而提高教学质量，为教学技能更科学、更适用的分类提供参考。

（一）体育教学技能的以往分类

我国对体育教学技能的分类研究较少，学者们的现有研究中大都结合了体育教学独有的特点，对体育教学技能进行了分类。

有的学者依据体育课程教学的特殊性将教学技能分为以下几种：组织教学技能、动作演示技能、语言运用技能、活动创编技能、纠正错误技能和测量评价技能。有的根据体育课教学行为方式和教学特点将体育教学技能分为导入技能、讲解技能、动作示范技能、教学组织技能、人体语言技能、诊断纠正错误技能、结束技能和教学设计技能。有的着重介绍了从事体育教学工作所需要的实践技能——体育教学实践技能，从宏观上将体育教学实践技能分为体育教学计划编制技能、体育课堂教学实施技能、说课与模拟上课技能、体育教学反思技能。

（二）体育教学技能的重新分类

体育教学技能的重新分类遵守分类原则，在现有分类基础上，取长补短，借鉴国外教学分类注重师生互动、可观察性和可测性等特点，突出一般学科教学和体育学科特点，保证分类的科学性，避免交叉、增强实践指导作用。依据体育课教学活动即教师指导、学生练习、教学组织、观察休息、保护与帮助五大部分将体育教学技能进行重新分类，分别为：教学内容编制技能、学习指导技能、活动组织技能、帮助保护技能和负荷调整技能。体育教学这五种教学活动之间分别独立，所以据此分类的体育教学技能也不存在交叉混乱的情况。根据体育课教学活动将体育课堂教学技能分类，提高了教学技能分类对体育教学活动的指导意义，凸显了体会教学技能分类的实践价值。将教师指导和学生练习分开描述，充分体现了新课改中以"教师为主导""学生为主体"原则，避免了分类中的交叉，以教师指导确定了学习指导技能，以学生练习确定了练习内容编制技能。体育课强调互动性和安全性，保护与帮助技能非常重要，不可或缺。体育教学的特点就是使学生身体承受一定的运动负荷，这既是增强技能提高技能的必要因素，也是能给学生带来伤害的潜在因素，运动负荷调控技能熟练运用，将有效提高教学效果，也能有效预防运动负荷导致的过大伤害。

根据体育教学五项活动将教学技能分成五个教学技能类，各类还包括许多子类。内容编制技能包括内容选择、内容改编、内容安排等技能，活动组织技能包括课堂常规贯彻、活动分组实施、队列队形调动、场地器材使用等技能，学习指导技能包括内容讲解、问题导引、活动提示、身体示范、媒介展示和效果评价等技能，保护与帮助技能包括安全措施落实、技巧摆脱危险、助力完成动作、外部（信号、标志物、限制物等）手段运用等技能，负荷调控技能包括心率水平预计、练习疲劳判定、练习密度调整、练习强度调控等技能。

二、体育教学技能的形成

（一）体育教学技能形成的感知过程

1. 感知的特点与作用

感觉是人脑对直接作用于感官客观刺激物的个别属性的反映，知觉是人脑对直接作用于感官客观刺激物的整体反映，二者统称为感知。知觉的产生必须以各种形式的感觉存在为前提，通常二者是融为一体的，合称为感知觉。个体的一切心理和行为都源于感知活动。

感觉具有随环境和条件变化而变化的特点，在感觉的基础上，知觉表现出了整体性、选择性、理解性、恒常性的特征。整体性是主体在过去经验的基础上把由多种属性构成的客观刺激物知觉作为一个统一整体的特性。在这个过程中，主体利用过去经验、知识解释知觉对象的特性即为理解性。知觉是在一定的客观条件下进行的，主体会根据当前的需要选择刺激物的一部分作为知觉对象，这反映了知觉的选择性。而当客观条件在一定范围内改变时，主体的知觉映像在一定程度上仍保持着稳定，这就叫作知觉的恒常性。

感觉和知觉作为两种不同层次的心理过程，属于感性认识阶段，个体的一切心理和行为都源于感知活动。感知技能是知识和技能学习的起点，任何技能学习均缘起于主体的感知活动。主体使用多种感官去感知同一个知觉对象，将不同感官获得的信息传递到大脑，从而获得对事物的全面认识，这对于技能的学习起着至关重要的作用。如果将知识或技能的学习比作一扇门，那么感知技能就是打开这扇门的第一把钥匙。

2. 体育教学技能形成的感知阶段

（1）选择适应阶段

选择适应阶段是体育教学技能形成的开始阶段，练习者在这个阶段首先会对体育教学技能产生笼统的、不精确的综合印象。在教师讲解下或者通过一些体育教学技能训练的形式或途径，如体育教学观摩等，练习者会将各部分技能知觉整合成一个整体，即体育教学技能。经过此阶段，练习者对体育教学技能建立整体的感知映像，要深化这种认识还需要进一步的理解和加工。

（2）理解加工阶段

理解加工阶段是指根据知觉的形成过程，在个人对知觉对象理解的前提下，迅速对获取的信息进行理解加工的阶段。在这一阶段，教师通过言语的指导和提示唤起学习者过去的经验，补充知觉的内容。学习者根据以往经验、知识，进一步对体育教学技能的各个组成部分，进行比较精确地分析，如教师对于教案设计的讲解，可以加深学习者对课的类型、教学目标、教学方法等内容的理解。在此基础上，理解体育教学技能各个组成部分之间的关系和联系，如教学内容编制技能与其他各技能之间的关系，从而构成新的综合，使教师对于体育教学技能的感知更清晰、更精确。

（3）巩固恒常阶段

通过前两个阶段，练习者已对体育教学技能形成了一定感知映像，但是这种映像是不稳定的。在巩固恒常阶段，学习者将变化的客观刺激物与经验中保持的表象结合起来，巩固前阶段对体育教学技能的感知，建立起对于体育教学技能恒常性观念。

3. 体育教学技能感知训练过程

（1）感受性变化

感受性指感觉器官对适宜刺激的感觉能力。主体的各种分析器的感受性会随外界条件和自身机体状态不同而发生相应的变化，具体表现为适应、对比和相互作用。体育教学技能形成的过程是提高知觉分化水平的过程，在这个过程中需要多种感知觉的共同作用，需要充分调动主体的视知觉、触知觉、深度知觉、肌肉知觉、节奏知觉和空间知觉等来促进其体育教学技能的形成，可以通过微格教学等多种技能训练形式，来提高学习者的感受性变化。

（2）整体理解性

整体理解性是指知觉的对象有不同的属性，由不同的部分组成，我们把它作为一个有组织的整体，并用自己过去的经验予以解释和标志。体育教学技能由教学内容编制技能、活动组织技能等多种维度的技能组成，学习者通过感知将这些技能知觉作为一个整体，即体育教学技能。这种整体理解的特性一旦形成，即使一定范围内发生变化，知觉形象并不因此发生相应的变化，这有助于学习者通过纷繁复杂的现象把握体育教学技能的本质和规律。

（二）体育教学技能形成的心智过程

1. 心智的特点与作用

心理学上将心智定义为人对已知事物的沉淀和储存，是通过学习而形成的合乎法则的心理活动方式。从心智的定义可以看出，心智决定了主体认识事物的方法和习惯，具有指导主体思考和思维方式的特性。此外，心智过程会影响主体的行为结果并不断强化，体现了心智的修正特征。

主体器官感受到外部刺激后会根据以往经验做出分析，在这个过程中心智就会发挥作用。首先，它是主体获得经验的必要条件，主体接收信息刺激后，经由个人运用或观察得到进一步的回馈，若自己主观认为是好的回馈就会保留下来，从而形成经验。其次，心智对解决问题起着直接的调节与指导作用，主体对于问题的解决必须经过判断问题性质、选择表征的形式、确定步骤、执行等一系列的心智动作才能实现。再者，心智是主体技能形成与发展的基础之一，技能是在获得知识、掌握技术的基础上，通过迁移、概括、系统化而形成的，这个过程中心智过程必不可少。

2. 体育教学技能形成的心智阶段

（1）原型定向阶段

心智活动的原型，即心智动作的"原样"，也就是外化了的实践模式或"物质化"了的心智活动方式或操作活动程序。原型定向阶段是使主体掌握操作性知识的阶段。主体通过了解心智活动的"原样",即体育教学技能的构成要素,建立起初步的自我调节机制,从而知道该怎样做、怎样去完成,为实际操作提供内部的控制条件,明确学习的方向。在内容编制技能、活动组织技能、学习指导技能等体育教学技能的训练时,应使学习者理解各部分的构成要素,建立初步的自我调节机制。内容编制技能的训练中,原型定向阶段只是技能形成的开端,要真正形成技能,还需要进行实际操作。

（2）原型操作阶段

原型操作阶段是指依据心智技能的实践模式,把主体头脑中所建立的各种活动程序计划以外显的操作方式付诸实践。学习者在原型操作过程中,依据前一阶段形成的体育教学技能定向映像做出相应的学习或实践行为。与此同时,练习者践行体育教学技能的行为也会在头脑中形成反应,进行在感性上获得完备的映像,这种完备的映像是技能形成的内化基础。因此,掌握各维度的技能时,应通过模拟上课、说课等多种训练形式或途径增强练习者将技能付诸实践的能力。

（3）原型内化阶段

如果说在原型操作阶段,主体外显的操作方式是一个由内而外、巩固内化的过程,那么在原型内化阶段,主体以外的操作方式付诸的实践会进行一次由外向内的过程,即主体心智活动的实践模式（原型）向头脑内部转换,使技能离开身体的外显形式而转向头脑内部。练习者在此阶段,对利本育教学技能进行加工、改造,使其发生变化,认识由感性水平上升到理性水平,逐渐定型化、简缩化。

3. 体育教学技能心智训练过程

（1）原型模拟

原型模拟首先需要确定其实践模型,即确定体育教学技能的操作原型或操作活动的顺序。因此,确立模型的过程实际上是把主体头脑中观念的、内潜的、简缩的经验外化为物质的、外显的、展开的心理模型的过程（也称为物质化过程）。为确立技能的操作原型,必须对整个体育教学技能系统进行分析:①对系统进行功能分析,分析系统对环境的作用,其中包括作用的对象、条件及结果;②对系统做结构分析,分析体育教学技能系统的组成要素及组成要素之间的相互关系;

③将功能分析与结构分析有机地结合起来。在拟订假设性的操作原型后,还应通过实验来检验这种原型的有效性。在实验中如能取得预期的成效,则证明此假设原型是真实可靠的,这种经实验证实了的原型就可以在教学上应用。反之,如果在实验中假设原型不能取得预期成效,则对此原型必须予以修正或重新拟订。可以通过参与体育教学技能大赛、微课教学等多种活动,加强检验,提高练习者此阶段的能力。

（2）分阶段练习

由于体育教学技能涵盖了教学内容编制、活动组织等多种技能，且每一种技能是按一定的阶段逐步形成的，所以在训练时必须分阶段、分类别进行，才能获得良好的成效。分类别进行是指体育教学技能中的每一维度技能，往往是多种心智动作构成的，一种技能的某些部分可能在其他技能的学习中已经形成，则这些已经形成的部分就可以在心智水平上直接迁移，而不经历上述三个阶段。分阶段进行是指在某类别技能中，有些内容是主体已掌握的，有些是未曾掌握的，那就必须针对那些未掌握的进行分段练习，注意做好新旧内容间组合关系的指导。

（三）体育教学技能形成的操作过程

1. 操作的特点及作用

从教育心理学角度来讲，操作是指学习者能迅速、精确、流畅和娴熟地执行操作、很少或不要有意识地注意的一种学习过程。

知识与技能必须经过操作才能最终掌握，在这个过程中，操作便显出了以下作用。首先，操作是主体变革现有知识和技能不可缺少的心理活动因素，操作过程是主体对现有经验总结过程，是在长期学习过程中积累起来的，借助于这个过程主体才能更好地提升经验，革新现有知识。其次，操作是技能形成和发展的重要构成要素。操作过程是使主体顺利完成某种实践任务的行动方式，因此，主体对于某一技能的掌握必须经历操作过程。

2. 体育教学技能的操作阶段

（1）定向阶段

操作定向也叫"行动定向"，指在了解操作活动结构的基础上，在头脑中建立起操作活动的定向映像过程。体育教学技能的操作定向是指在了解体育教学技能构成及各部分作用的基础上，在头脑中建立起的各维度教学技能结构及教学动作的映像过程。操作必须在主体的、实际的操作活动中才能进行，所以操作的主体必须在操作前了解操作的结构，在头脑中建立起操作活动的映像，然后才能知道在进行实际操作做什么和怎么做，必须事先进行定向，此阶段的作用在于帮助练习者建立初步的自我调节机制，只有练习者在对"做什么"和"怎么做"有明确的了解之后才能进行相应的活动，才能更快更好地掌握有关的活动方式，促进体育教学技能的形成。

（2）模仿阶段

操作的模仿也叫作"行动的模仿"，指仿效特定的动作方式或行为方式，是获得间接操作经验不可缺少的一种学习方式。根据现代心理学的研究，模仿可以有多种形式，可以是有意的或无意的，也可以是再造性和创造性的。就体育教学技能而言，模仿的实质是将头脑中形成的定向映像以外显的实际动作表现出来，是在定向的基础上进行的，是技能掌握的开端。通过模仿，练习者把对技能的映像转变为实际行动，将头脑中各种认识与实际操作联系起来。具体表现在以下两个方面：一是通过模仿检验已形成的技能映像，使之更加完善和充实，有助于技能映像在技能形成过程中发挥更加有效、稳定的作用；二是可以加强个体的技能感受，从而更加清晰地了解技能结构，加强技能实施的控制。

（3）联合阶段

操作联合阶段是指把模仿阶段反复练习固定下来的各维度技能相互结合，使之定型化、一体化。练习者在模仿阶段只是初步再现定向阶段所提供的行为方式，但对于复杂的体育教学技能而言，要准确地掌握并在一堂课中较好地运用各部分技能，还应掌握各维度技能的相互衔接，这在模仿阶段是难以实现的。通过联合，各部分技能之间相互协调，技能结构逐步趋于合理稳定，初步概括化得以实现。此外，在联合阶段，个体对技能的有效控制也逐步增强，保证了其联系性和有效性。因此，联合阶段是体育教学技能形成过程中的关键环节，它是从模仿到自动化的一个过渡阶段，也为自动化活动方式的形成打下良好的基础。

（4）自动化阶段

就某一技术动作的掌握而言，操作自动化是指通过练习所形成的动作方式，对各种环境变化的条件具有高度的适应性，从而使动作的执行达到高度的完善化和自动化。其内在机制是在大脑皮质中建立了动力定型，即大脑皮质概括的、巩固的暂时神经联系。就体育教学技能的掌握而言，主要是指在体育教学中教学技能的执行过程不需要意识的高度控制，执行者可以针对不同的教学内容、不同的学生以及不同的教学环境等，灵活、熟练地运用教学技能，完成教学任务。这是体育教学技能形成的高级阶段，是由于操作活动方式的概括化、系统化而实现的。

（四）操作技能训练方法

操作技能训练是体育教学技能训练中最重要的一个环节，根据操作技能形成的过程和规律，操作技能训练的方法包括表象训练、模拟训练和实战训练三种方法。

（1）表象训练。表象训练是指将与特定教学任务有关的体育教学知识或技能，在头脑中重现的训练方法。通过表象训练，能够有效建立与教学任务有关的认知结构，从而确立教学活动初步的调节机制，表象训练的基础是通过对体育教学活动的观察、体验及反思来完成的，是体育教学技能形成定向阶段最有效的训练方法。

（2）模拟训练。在表象训练的基础上，本着从实战出发的训练原则，设置具体教学情境，分别对体育教学内容编制、活动组织、学习指导、保护帮助及负荷调控进行针对性的模拟练习，增强练习者的实践能力。

（3）整合训练。整合训练是指将各项体育教学技能综合起来应用到教学实践中的训练方法。设计完整的体育课或教学单元，将不同的体育教学技能应用到实践教学中，形成前后连贯、相互协调、合乎教学法则，优质高效的教学技艺。

二、体育教学技能训练的基本原则

体育教学技能训练的基本原则是：广大体育教师在长期教学实践中积累的经验概括和总结，对体育教学技能训练具有普遍的指导意义。

（一）理论研究与教学实践相结合原则

理论研究与教学实践相结合原则是：指在体育教学技能训练理论的指导下，紧密结合体育教学实践，有效地进行体育教学技能训练。

体育教学过程是复杂的，课堂的教学行为也千变万化。体育教学技能训练必须要理论先行，了解并掌握体育教学技能形成的规律。形成正确的认知，在科学的理论指导前提下，才能顺利地开展。否则，技能训练的效率将难以保证，甚至走弯路。理论研究要与教学实践相结合，在教学实践中，通过教学设计、课堂教学等具体教学环节发现教学中教学技能存在的问题。因此，二者结合才能有针对性地改进强化，从而提高训练效果。

（二）单项技能训练与综合训练相结合原则

单项技能训练与综合训练相结合原则是：注重提高单项体育教学技能的同时，还要将单项技能不断融入综合训练之中，使各单项技能有机整合，实现整体优化。

一般来讲，单项技能训练是指针对一项或以一项为主的体育教学技能的训练。综合训练是指同时涉及多项体育教学技能的训练。在综合训练中，训练环境、程序、内容、目标和手段等相对于中项技能训练会更复杂，更接近体育教学的实际，难度更大，更具挑战性。单项技能训练与综合训练相结合有利于提高体育教学技能水平。

（三）个人训练与团队训练相结合原则

个人训练与团队训练相结合原则是：指根据体育教学技能训练的实际需要，合理采用个人训练或团队训练的形式，整合个人训练的自主灵活及团队训练的责任、竞争意识强等特点，有效提高体育教学技能训练水平。

个人训练主要以个人自主学习，自主训练为主，强调自我、自律、独立训练。团队训练是指以团队的形式进行体育教学技能训练，强调团队整体的训练及团队整体的进步。个人训练与团队训练相结合，有利于促进个人及团队整体体育教学技能水平的提高。

（四）传统手段与现代手段相结合原则

传统手段与现代手段相结合原则是指根据体育教学技能训练的实际需要，合理采用训练手段，既要积极利用体育教学技能的现代训练手段，也要恰当采用传统训练手段，传统手段与现代手段互相补充，有效提高体育教学技能水平。

传统体育教学技能训练手段主要是指师徒传授、教学观摩等，现代体育教学技能训练手段是指微格教学、多媒体技能培训系统等。传统手段与现代手段都有各自的优势和不足，传统手段与现代手段相结合，能够实现优势互补，会极大增强体育教学技能训练实效。

以上对体育教学技能训练的四个原则进行了分析。实际上，四个原则是相互联系、相互影响的，在运用过程中，既不能夸大某一原则，也不应低估其他原则，只有综合考虑并结合实际，灵活而有创造性地运用，才能发挥原则的指导作用。

第二节　体育课堂教学技能训练模式

体育教学技能训练的模式是依据认知科学理论建构，将技能的形成提升到认识论和方法论的高度，以行为主义、认知主义、建构主义、人本主义学习理论为基础，对体育教学技能训练模式的含义、结构和要求进行了深入解析。体育教学技能训练模式起着承上启下的作用，既要将技能训练的基本原理贯彻到具体模式中，又要为训练实践活动提供理论指导、操作程序和策略。没有一种模式是普遍有效的、最优的，熟练掌握体育教学技能，需要应用不同的训练模式，也就是要根据自身具备的能力条件和技能本身的实际特点，选择运用不同的或多种体育教学技能训练模式，考虑训练策略，设计实施方案，掌握相应的体育教学技能。

一、程序训练模式

体育教学技能的程序训练模式以行为主义学习理论为基础，主要目的是促进体育教学技能形成的快速高效、准确规范。

（一）程序训练模式含义与特征

1. 程序训练模式含义

程序训练模式是指以按照程序排列的体育教学技能内容作为外部刺激因子，运用相应方法不断练习，进而掌握并达到技能自动化水平的训练过程范式。行为主义学习理论把人类学习归结为与外部环境相互作用的反应系统，即"刺激—反应"系统，通过控制外部刺激就能控制和预测行为，进而控制和预测学习效果。程序训练模式中体育教学技能与练习者技能习得之间，是直接的、纯粹的直线型关系，反复、明确的体育教学技能刺激，有助于学习者的技能习得，有益于自动化操作规范的学习与形成。

2. 程序训练模式特征

根据体育教学技能的程序训练模式概念分析，程序训练模式具有以下特征：

（1）程序性

把体育教学技能分解成许多小的项目，按照一定的顺序排列起来，对每一项目都必须熟练掌握、操作和运用，经过审核通过，再进入下一步的学习。

（2）对应性

反复、明确的体育教学技能刺激，有助于技能习得，有益于自动化操作规范的学习与形成。体育教学技能与技能习得之间，是直接的、纯粹的、一一对应的直线型关系。

（3）渐进性

程序训练模式的训练计划编排体现了学习活动循序渐进的特点，每一个练习项目都是下一个的前提和基础，只有对前一个小项目完全理解和掌握了，才能进行下一个小项目的练习。

（4）稳定性

程序训练模式中的操作步骤与节奏安排等都是固定的，必须严格执行，不可随意变更。

（二）程序训练模式结构

1. 结构要素

在早期的学习研究者看来，人类的行为都是通过条件反射建立新的刺激反应联结而形成的，学习的实质是条件反射形成和巩固的过程。因此，程序训练模式的结构要素包括训练目标、措施手段、训练步骤。

2. 过程

（1）设定训练目标

明确且合理的训练目标对于程序训练模式来说是极为重要的，体育教学技能操作自动化是显著的训练目标。体育教学技能必须纯熟、流畅，才能在体育教学过程中运用自如，提升教学效率和效果。

（2）确定训练的措施手段

程序训练模式多适用于体育教学技能训练的初级阶段，以及单项的、基础的技能训练，例如，口令提示、队列队形变换、讲解示范、保护帮助动作等，可以采用分解、重复、循环等练习手段进行训练；对于综合技能也可以采用观摩、评价、模拟、比赛和理论讲解指导等方式，通过教学观摩、跟岗培训、微格训练、体育教学技能大赛等途径，反复训练直至技能达到自动化。

（3）制定训练步骤

训练步骤包括训练内容、时间序列和连接形式。将体育教学技能分解成若干的小项目，并按照一定顺序呈现，通过既定次序，完成一整套的训练任务。由初始到技能形成之间可划分为多个小项目（以 4 个为例），训练顺序可以是直线式（基础项目—递进项目 1—递进项目 2—高级项目），可以是分支式（基础项目—递进项目 1—小项目 1.1—小项目 1.2—递进项 02—小项 02.1—小项目 2.2—小项目 2.3—高级项目），也可以是跳跃式（基础项目—递进项 02—高级项目）。例如，通过"跟岗培训一周"提高体育教学技能，步骤可以是直线式的，"看课—评课—撰写培训日志—模拟上课—示范课—专家评比"，其中模拟上课是难点，可通过"模拟课前准备、模拟学习指导、模拟教学组织"等分支式小项目形式达成。

（三）程序训练模式要求

1. 合理编排，循序渐进

将体育教学技能按照操作的难易程度分级，由低到高、由简单到复杂，进行小步子的逻辑序列编排，使每一个正在学习和掌握的项目成为后一练习项目的基础或相关部分，关注不同训练项目之间的衔接，按部就班的严格遵照程序训练模式的步骤顺序进行训练。

2. 区别对待，自定进度

训练安排必须严格履行程序设计要求，不能随意变更练习的顺序，但应注重个体差异，根据自身的掌握情况调整练习进度，使训练速度与能力保持一致。依据个体对技能形成的难易感受，可自行调控训练步调，采取分支式、直线式或跳跃式的训练步骤。

3. 反复练习，巩固强化

把体育教学技能分解成片段知识、单个技术或单元项目，遵循预定程序组织训练活动，反复训练，加深记忆，达到自动化操作水平。反复练习不是简单的重复，而是在反馈基础上，调整练习重点，攻关难点，直至熟练掌握。训练安排有既定的步骤和计划，可无限次反复练习，也只有通过检验和修正多次反复练习才能达到技能自动化的效果。

4. 适时反馈，自修为主

程序训练模式重视环境刺激对个体行为的影响，容易忽视内部心理过程，循规蹈矩的按套路训练，积极性和主动性有时难以发挥。因此，对训练的效果要适时验证和反馈，认识到自身的不足，自觉提高或降低训练强度，培养主动获取知识的方法、思维能力和创新精神，以及自学、自修的能力和习惯。

（四）研定评价标准

确定检查与考核的内容及形式，程序训练模式的评价以阶段性评价为主，每完成一个小项目的训练，都要对其进行诊断和总结。例如，是否能够熟练的调动队伍、调整队形；讲解示范是否流利自如；是否能流畅的完成课堂教学；在体育教学技能大赛中取得的名次；等等。

（五）反馈调节

反馈调节阶段需要及时、适时和有重点地呈现反馈信息，使体育教学技能的程序训练模式形成畅通的回路，对训练的目标、内容、计划和方式进行反思，科学调控训练的程序安排和练习次数。如果在训练过程中发现对某个小项目的习得出现困难，可返回至前一个步骤加强练习之后，再重新进行此项目的训练。

二、探究训练模式

体育教学技能的探究训练模式以认知主义学习理论为基础，认为学习在于个体内部认知的变化，是一个比刺激—反应联结要复杂得多的过程。在既定目标的指引下，模仿、迁移，甚至创造性的应用体育教学技能，解决实际训练中的问题，培养练习者发现、分析与解决问题的能力。

（一）探究训练模式含义与特征

1. 探究训练模式含义

探究训练模式是以体育教学技能中的某项技能为目标，在技能训练的特点、实施要求等原理指导下，主动发现问题、寻找答案，进行探索和研究性活动的训练过程范式。认知主义学习理论认为，学习就是面对当前的问题情境，在内心经过积极的组织，从而形成和发展认知结构的过程，强调刺激、反应之间的联系是以意识为中介的，强调认知过程的重要性。

探究训练模式是通过有意识的练习形成"路径导航"的综合表象，"路径导航"包括训练的内容、方法、时间、环境等要素及它们之间的关系，是指在明确训练目标的前提下，将体育教学技能训练中的要素布局在特定的环境中，经过个体内心的项目识别和组织协调，"导航"训练直至目标技能达成的过程。探究训练模式必须对所要进行训练的目的、意义明确，对所需掌握的技能有清楚的认识，并能遵循一定的顺序和规律操作，直至完成目标技能的训练任务。漫无目的的探究活动，既浪费时间又无助于技能的形成。

2. 探究训练模式的特征

（1）探索性

探究训练不是简单的、机械的形成运动反应，而是在有明确目标指引下，以发现问题、分析问题、解决问题为逻辑主线，强调个体内在心理过程，激发学习者的主观能动性，按照既定路线自觉训练，清楚练习目标、步骤、环节和方法，在探寻的过程中提升心智技能和操作技能。

（2）主体性

重视在技能训练中个体的主体地位，强调认知、意义理解、独立思考等意识活动和心理动机，以及训练的亲历性、灵活性、主动性和发现性，使其在主动观察、判断、分析、归纳等基础上解决问题。

（3）基础性

重视个体训练中的准备状态，即训练效果不仅取决于外部刺激和个体的主观努力，还取决于一个人已有的知识水平、认知结构和非认知因素等，基础准备是任何有意义的探究训练赖以产生的前提。

（4）体验性

体验性是要求进行目标模式训练时亲身观察、探索和体验，提倡理解原理、独立思考、发现知识的过程。体育教学技能训练不仅可以习得体育教学基础知识和技能，更是获得生活与学习体验的过程。

（二）探究训练模式的结构

1. 结构要素

学习在于内部认知的变化，是学习者有意识、主动参与的过程，学习是一个比 S—R 联结要复杂得多的过程，注重解释学习行为的中间过程，即 S—R，认为主体意识是学习过程的中间变动。因此，体育教学技能训练认知模式的结构要素包括训练目标、训练路径、主观意识、训练方法和评价标准。

2. 过程

（1）拟定训练目标

训练目标要从训练开始阶段就清楚的锁定，才能目标明确地进行探究活动，高效完成训练任务。

（2）描绘训练路径

通过任务分析法，将目标技能分解为若干要素或"标志点"，即系列问题，再将这些要素或"标志点"整合设计成系统的训练路径。与程序训练模式不同，探究训练模式训练路径的制定没有严格的难易程度和顺序要求，路径上的标志性指示必须清晰准确、互相连接、层层推进，以便参照指引发现问题，顺利完成训练任务。

（3）主观意识参与

主观意识参与训练的过程其实就是"导航"的过程，也就是发现问题—分析问题—解决问题的过程。依据训练路径的指引，通过有意识的感知、认知、识记、分析、比较、期望、想象和思维等心理过程，完成"路径导航"，训练练习者的心智技能，培养决策能力。

（4）确定训练方法

探究训练模式多适用于体育教学技能训练的中级阶段，可以采用探究式学习法、自主学习法、小群体学习法、讨论法等方法，也可以采用专家同行交流、成果汇报、案例解析、师徒结对等方法，通过微格训练、模拟上课、跟岗实习等途径，以积极主动、自觉训练为前提，对某一方面的体育教学技能形成全面、系统的认知。

（5）研定评价标准

探究训练模式不仅重视个体对知识的理解和掌握情况，而且特别强调个体在训练中的行为表现，因此，该模式的评价应以形成性评价、相对性评价、定性评价等为主，以训练过程的努力和独立思考的程度为主要指标。由于心智提高程度和情感体验等心理学指标难以测定，因此，只能以学习者的读书笔记、教学心得和反思材料等，作为解读其心理和训练过程的重要依据。

（6）反馈调节

目标训练模式的反馈，是通过评价目标达成度和认识、理解、判断、执行等能力，对训练的难易程度、环节安排和训练时效性等进行反思，科学调控训练的目标设定、环节衔接和推进过程等。

（三）探究训练模式的要求

1. 积极内化，激发动机

探究训练模式是一种积极主动的过程，因而内在的动机与训练活动本身会促进个体的内在强化作用，可有效提升心智技能。然而，此模式对非智力因素重视不够，情感、意志、兴趣、性格和需要等均会影响训练目标的达成，只有重视激发和调节训练动机，强化内部心理过程，使智力因素与非智力因素紧密结合，才能使训练达到预期效果。

2. 充分准备，独立思考

重视个体训练中的准备状态，进行体育教学技能训练之前，必须清楚自己的状态和所具备的基础，包括技能基础和认知水平，训练效果不仅取决于外部刺激和个体的主观努力，还取决于一个人已有的知识水平、认知结构、非认知因素等，基础准备是任何有意义训练赖以产生的前提。在以往的认知经验的基础上独立思考，发现学习材料本身的内在逻辑结构，从而掌握体育教学技能。

3. 问题明确，任务具体

在体育教学技能训练开始前，就要明确提出要探究的目标问题即核心技能，明确训练的目的，因为探究训练活动是为最终达成技能、形成目标服务的。而围绕目标问题设计的相关任务，必须具体、指向清楚，有助于练习者循规而至。

4. 不断尝试顿悟渐悟

探究训练模式注重个体技能形成的体验过程，主要是亲历发现问题、研究问题、解决问题的学习过程，在不断尝试探索和寻找答案中，提高判断和决策能力，通过技能训练过程，感悟探究的心理过程，有利于在未来的体育教学实践中合理运用探究教学法。

三、情境训练模式

体育教学技能的情境训练模式以建构主义理论为基础，练习者通过情境训练模式提高体育教学技能，更能体验知识的习得与转化过程，以亲身体会阐释练习过程，有利于对具体教学情境和自身教学行为的反思，提高及时、有效应对不断生成和变化着的、复杂多样的教学形势的能力，学习并获得处理各种教学问题的经验。

(一) 情境训练模式含义与特征

1. 情境训练模式含义

情境训练模式是在创设训练情境的前提下，通过角色扮演的方式，经过主体的选择、加工和诠释，将技能知识转化为教学实践的训练过程范式。认识并非主体对于客观现实简单的、被动的反应（镜面式反应），而是一个主动的建构过程，在建构的过程中主体已有的认知结构发挥了特别重要的作用，而主体的认知结构亦处在不断发展之中。获得知识的多少，取决于个体根据自身经验去建构有关知识的意义的能力，而不取决于记忆和背诵的能力。由于每个练习者所具备的经验不同，每个人对体育教学技能的理解方向和建构方式也不尽相同，情境训练模式可以帮助练习者发展自主训练的意识和能力，利于其不断的自我更新和自主成长。

2. 情境训练模式特征

(1) 直观性

在情境训练模式中，充实、检验、完善、反思和提炼体育教学技能，以建构和提升实践能力的过程，是在适当的情境和气氛中进行的，因此，练习者通过角色扮演，能够充分融入训练当中，直观感受训练经过。情境训练模式是个体对训练情境的改造和感受的过程，通过亲历和感知训练情境，使主体建立对目标技能整体的认识，并在已有知识的基础上，提升体育教学技能的水平。

（2）自主性

个体必然有着不同的知识背景和经验基础（或不同的认知结构），因此，即使就同一个目标技能而言，相对应的训练活动也不可能完全一致，必然存在个体的特殊性。体育教学技能的情境训练模式是一种高度自主的活动，不同的人有不同的体验和组构。体育教学技能的情境训练模式是一种高度自主的活动，练习者能够设计适合自身发展的方案，并能进行计划、选择、修正，在训练中的自主性参与是其提升思维水平和实践能力的根本性动力。

（3）社会性

情境训练模式是在一定的情境下，借助其他人的帮助即通过人际间的协作活动而实现的意义建构过程，所以，社会环境、社会共同体对于主体的认识活动有重要作用，学习者的训练活动是在一定的社会环境中得以实现的。

（4）建构性

如果说程序训练模式落脚点在结果，那么情境训练模式的侧重点就是意义和过程，主张在训练过程中学习"如何训练"。情境训练模式是个体运用自己的经验去积极地建构对自己富有意义的理解，而不是去理解那些用已经组织好的形式传递给他们的体育教学技能内容，也就是说，提高某项体育教学技能并不是最终目的，提升个体的体育教学思维、组构和理解能力才是终极理想。

（二）情境训练换式结构

1. 结构要素

知识是学习者在一定的环境即社会文化背景下，借助其他人（包括教师和学习伙伴）的帮助，利用必要的学习资料，通过意义建构的方式而获得。建构主义学习理论认为"情境""协作""会话"和"意义建构"是学习环境中的四大要素或四大属性。所谓意义建构的核心内容是信息不连续性、人的主体性以及情境对信息渠道和信息内容选择的影响。因此，体育教学技能体验训练模式的结构要素包括体育教学技能训练情境、合作伙伴、同伴之间的交流、意义建构和评价标准。

2. 过程

（1）创设训练情境

依据训练目标内容和要求创设情境，深挖提炼体育教学技能内容之间的内在联系和训练规律，以引导个体从具有典型代表性的器材、对话或人物等情境中，受到启发，使其能尽快、自然地掌握体育教学技能。创设情境的手段是多样的，主要有以语言描绘情境、以微格训练再现情境、以模拟课堂展现情境等。

（2）确定合作伙伴

在选择合作伙伴进行体验训练时，有同质型和异质型两种组合方式，针对不同的训练目标、内容，可选择与自己知识和技能基础相同的同伴，也可选择在脾气性格、技能水平有较大差异的同伴。同质型可相互比较、促进，异质型可风格互补、互助提高。

（3）鼓励同伴之间的交流

合作伙伴之间的鼓励、协作、互动、切磋和随时随地的反馈，对于认知能力的提升意义极大，可通过同伴之间发表感想、讨论、总结、分享等方式，交流训练的心得，加深对情境训练模式的理解，培养练习者表达、沟通、反思和批判的能力。

（4）意义建构

意义建构主要是指信息的意义建构，是内部行为和外部行为共同作用的结果，要深刻理解训练内容的内涵。在练习体育教学技能的高级阶段，主要采用合作学习法、情境学习法、发现学习法和角色扮演等方法，通过教案设计、模拟上课、集体备课等途径，以积极主动建构体育教学技能应用的情境为前提，对整体的体育教学技能应用形成宏观的把握。例如，练者作为研究者，以一课两讲或一课三讲的形式，建构同一内容的不同教学方式，有助于对体育教学技能的深刻理解和能力的提升。

（5）研定评价标准

通过对注意、组织、决策和思维等能力的评价，增强个体对情境训练模式的深入认识。情境训练模式的评价以形成性评价、定性评价、自我评价等为主，鼓励学者深入思考，尽可能撰写研究报告、论文、经验总结或参与编著校本课程教材等。

（6）反馈调节

通过学术研讨、行动研究、案例分析等方式，探析训练中的进步与失误，调整与改进情境训练模式的情境布局、合作伙伴和意义建构等关键环节。

（三）环境训练模式要求

1. 创设情境，模拟真实

提倡建构训练模式，营造具体和真实的训练情境，并反对抽象和概括，而是尽可能贴近体育教学现实情况，使练习者在情境中感受体育教师形象的同时，愿意对情境持续地产生注意，从而产生或满意、或愉悦、或悲伤、或热爱的情感体验。多方面的情感体验不应都是积极的，适当消极的体验有利于练习者在面对真实的体育教学实践时，做好充足的心理准备，可以从容面对、坚韧不屈。

2. 方法混搭，反思改进

在运用情境训练模式的同时，要注重多种训练方式、方法的结合使用，达到更好的训练效果。教育情境的不确定性、非线性和混沌性，决定了教学没有固定的模式和技能技巧可以套用，因此，体育教学技能训练也必须凭借自己对教学技术的理解和领悟，做出自主判断，选择适当的训练方法，不断地对训练过程进行反思、自我调整、改进训练细节。

3. 基础扎实，体验创新

体育教学技能情境训练模式的应用，要求具备良好的基础知识和基本的体育教学技能，在所创设的情境中应用自如，全情投入体验情境，把训练的重心放在提升心智方面，体验学习、挑战、交流和创造的乐趣。在应用情境训练模式进行体育教学技能训练时，重点是体验学习和思维的过程，练习者可以模仿体育教学实践，但更重要的是理解贯穿整个教学过程的原则和方法，筛选适合创设情境的内容，切勿为了应用模式而进行无效或低效的体验。

4. 合作完成，群体相容

体育教学活动由于其特殊性，许多练习需要通过师生、生生协作与配合才能完成，因此社会能力的培养渗透在体育活动的方方面面。在进行体育教学技能训练时，必须重视同伴之间的协作和竞争对手之间的尊重，感悟群体动力的重要性，使学习者在掌握技能的同时，建立融洽的人际交往关系，相融于群体之中，为今后从事体育教学奠定良好的社会适应能力基础。

四、展演训练模式

展演训练模式是以人本主义学习理论为基础，它的顺利开展建立在对体育教学技术的深入理解及较熟练掌握的基础之上。纯熟的心智技能和操作技能是一个数据库，在教学过程中选择"用什么"和"怎么用"取决于练习者的观念风格和临场发挥。只要遵循体育教学的基本规律和原则，体育教学技能可根据实践中教学要求、情境、学生的差异而灵活运用、组合、搭配，切勿被生搬硬套的教学行为习惯所束缚。

（一）展演训练模式含义与特征

1. 展演训练模式含义

体育教学技能的展演训练模式是以提升体育教学技能水平为目的，以完整展示技能训练成果或完成某项教学任务为基本方式的训练过程范式。展演训练模式不仅关注教学技能和认知能力方面的提高，还有个体情感、意志、创新能力等方面的自我肯定和实现，使练习者养成较强的感受性，便于感知自身和教学对象的情绪，有助于在未来的体育教学实践中与合作伙伴、教学对象和谐相处，调整情绪和教学方式、方法，及时有效地应对和处理突发事件，注重提升体育教学技能运用到实际教学情境下的能力，并形成独特的教学风格。

2. 展演训练模式特征

（1）灵活性

教学过程具有复杂性和变化性，即便是在规定了教学目标和方法的前提下，也会因为环境、对象、组织能力等条件的变化，产生千差万别的情况和效果。因此，展演训练模式就是训练学习者将自己的体育教学技能完整、全面地展现出来，灵活运用技能手段，合理的处理突发事件，临危不乱。

（2）主观性

主观性是鼓励从自我的角度出发，感知体育教学的魅力，对体育教学技能训练的原则、规律等基本原理的个性领悟。自我实现和为达到目的而进行创造的能力才是个体行为的决定因素，个人所处的物质、社会和文化环境只能促进或阻碍他们潜能的实现。

（3）独特性

个体对知觉方式的调节、学习能力的获得、持续学习等均存在差异，因此，展演的方式和效果不尽相同，不同的展示个体存在不同的表现。展演训练模式可以促使个体在进行技能训练活动时，深入理解训练内容，客观地审视自己，对完善练习者的价值取向与教学风格具有十分重要的意义。

（4）创造性

展演训练模式通过对规则和假设的不断创造，解释观察到的现象；而当教学技能的原有观念与新的观察之间出现不一致，原有观念失去平衡时，便产生了创造新的规则假设的需要。展演训练模式通过对教学要素的个性解读，创造性地设计和实施教学活动，是一种创新性的理解和行动过程。

（二）展演训练模式的结构

1. 结构要素

人本主义学习理论中的关键环节是意义学习，如何为学习者创造一个良好的环境，使其从自己的角度感知世界，发展出对世界的理解，达到自我实现的最高境界。展演训练模式就是意义学习的最好诠释，不仅仅涉及事实积累的学习，而是使个体的行为、态度、个性得到充分施展的意义训练过程。因此，体育教学技能展演的训练模式包括四个要素：展演内容、展演方案、意义训练、评价标准。

2. 过程

（1）设计展演方案

根据展演内容，在尊重、了解与理解训练个体的前提下，激发练习者的训练积极性，充分发挥个体选择性、创造性，表现练习者对展演内容的构想和预计，将体育教学技能合理搭配、自由组合，体现展演训练模式不拘一格的特点，从而促进其成长、学习与训练。

（2）确定训练方法

展演训练模式多适用于体育教学技能训练的终极阶段，可以采用分层练习法、差别练习法、成功练习法等方法进行体育教学技能的训练；也可采用行动研究、教学评比等实战演练，通过教案设计、说课、示范课评比、微课教学等途径，完整展示技能训练成果。

（3）意义训练

在前期已形成的体育教学技能基础上，融合个体对训练内容的解读，灵活自如地呈现出展演内容，展示体育教学技能的娴熟程度，从而继续拓展知识和技术，形成新的或更纯熟的体育教学技能。

（4）自我实现

在展演训练过程中体会到的是自我满足的价值感，如成功掌握教学技能的满足感、未来可以教书育人的认同感、个性得以彰显的存在感。展演训练模式不但注重挖掘个体的创造潜能，更关注入的高级心理活动，如热情、信念、生命、尊严等，引导其结合认知和经验，肯定自我，进而自我实现，形成自己独特的教学风格。

（5）评价反馈

练习者最清楚训练是否满足自己的需要、是否有助于明确自己原来不甚清楚的某些方面，因此，发展性评价、个体内差异评价、自我评价等方式，是展演训练模式的主要评价方法。并能通过评价形成正确的自我认识与反思以及敏锐的观察和感受能力，有助于个人教学技能的提升和风格的塑造。

（三）展演训练模式要求

1. 彰显个性，全面发展

教学风格的形成一般要经历从模仿到独立再到创新、稳定的过程。练习者能在训练过程中感受到体育教学的乐趣、成功、满足，激起其认知与情感的相互作用，重视创造能力、认知、动机、情感等心理方面对行为的制约和促进作用，从而全身心地投入训练，逐渐形成自己的风格，并注重其行为、态度、人格等的全面发展。教授者不仅要关注体育教学技能的形成，更重视个体的内心世界，重视训练过程中学习者的认知、兴趣、动机、需要、经验、个别差异，以及潜在智能等内部心理世界的全面发展。

2. 自我提升，协同促进

展演训练模式注重自我评价反馈，重视自我的修炼与肯定。展示自我固然是提升自身能力品位的关键途径，但不能忽视社会、文化、学校、教师和家庭教育的协同作用。现实中的学校总是在与社会文化环境的互动中，改变着个体的教育目标、方针与办学模式，对练习者施加种种影响，指导教师和合作伙伴作为促进者、协作者，对个体成长为一个既具有社会组织特性，又具有独特个性的人意义重大。

3. 气氛宽松，张弛有度

提倡在宽松、自由的训练氛围中，给练习者提供充足的空间，体现自由展示的精神，使其充分发挥所长。但是必须遵循角色规范，遵守必要的规章制度，既自由又受纪律制约，适应当前的训练与未来的生活。展演训练模式有利于练习者潜能的开发，但又不应该一味迁就其原有的水平和独特性。

4. 完整展示，积极反思

展演训练模式要求练习者完整展现训练过程和结果，使体会教学的某项技能或综合技能得到充分发挥；反思是对训练行为的总结与纠错，通过对展演过程的深刻审视，使练习者再次回顾和思考技能训练的认知、行动、感悟的经过，从而整改和完善训练计划，提升训练效率，提高自我监管、解决问题的能力。

第六章　体育课堂技能训练内容

学生是教学的主体，体育课堂教学技能训练应该坚持为学生服务的原则。因此，体育教师必须充分了解不同教材，不同水平、不同班级、不同性别、不同项目学生的兴趣爱好、特点规律、学习情况、身体和技能现状，增加学生喜欢的教材内容课次、学习效果突出的教学内容课次、面向全体兼顾两头的教学内容课次，并进行针对性和实效性的教法和学法创新，才能将课堂教学设计做到有的放矢，提升体育课堂的教学效果。

第一节　教学导入技能

一、教学导入技能的含义

俗话说，"良好的开始是成功的一半"。教学导入是一节课的起始环节，是课堂教学给人的"第一印象"，也是将学生由非学习状态转入本课堂学习的准备阶段，精心设计的教学导入可以吸引学生注意力、激发学生学习动机、指明教学目标、复习相关旧知识、酝酿情绪、渲染气氛等，使学生在学习新课的开始就有一个良好的学习情境，为整个教学过程创造一个良好的开端，并直接影响着课堂教学的质量。

"导"就是引导、引领，是教师以教学内容为目标，用多种形式的教学方式引导学生进入学习状态的方式；"入"就是入之门，进入学习之门，让学生从教师的导入中感觉到本课的主要教学内容与目标，由此形成学生学习的外部的诱因，并促使学生对即将学习的教学内容产生较强的内部需要，进而在教师的引导启发下愉快地学习。课堂导入是整个课堂的前奏，也是一节课成功与否的关键环节，如果课的开始导入设计得好，就能使学生明确课的教学目标，吸引学生的注意力，并唤起学生强烈的学习兴趣和学习欲望，成为学生积极自主投入学习全过程的催化剂，直接影响到学生学习的情绪和效果。

导入技能则是指教师以教学内容为目标，在课堂教学的起始阶段，教师利用各种教学媒体，巧妙地创设学习情境，激发学生学习兴趣，启迪学生思维，集中学生注意力，激发学生求知欲，帮助学生明确学习目的，引导学生积极主动进入到课堂学习上来的教学行为方式。导入技能作为教师课堂教学的最基本教学技能，其理论依据是启发式教学思想。中外许多伟大的教育学家都十分强调"启发"教育，从孔子的"不愤不启，不悱不发"、苏格拉底的"产婆术"到杜威的"思维五步教学法"，以及马赫穆托夫的"问题教学法"等均蕴涵着启发式教学思想。

二、教学导入技能的功能

（一）吸引学生的注意力

课堂教学成功与否的前提条件是看教师吸引了多少学生的注意力，并在多大程度上吸引了学生的注意力。注意是人的心理活动或意识对一定信息的指向和集中。在导入时，教师的最大威胁来自学生注意力不集中，而在教学开始时，学生的注意力往往是处于分散状态，有的学生可能还在思考上一节课的教学内容中，或是仍沉浸在课间活动的欢乐之中，或是兴奋点还处在与教学内容毫无关系的其他活动上，或是课堂教学前受其他外界干扰，使学生的注意力不容易集中……这就要求教师巧妙地导入新课，实现学生课堂兴奋中心的转移，吸引住学生的"眼球"，把学生的注意力迅速锁定在与教学有关的刺激上，吸引学生对教学内容的注意，形成初步的动作概念的自觉意象，为进一步深入学习做必要的准备。

教师在教学中吸引学生注意力的方法主要有：采用增加刺激物的强度、加强刺激物之间的对比、使刺激物运动变化和提高刺激物的新颖性来吸引学生的注意力；通过激发学生的需要、提高学生的兴趣来吸引学生的注意力；通过加深对教学内容目的、意义的理解来吸引学生的注意力；通过培养学生的毅力来吸引学生的注意力。

（二）激发学生的学习动机

动机是在人脑中形成的激发或抑制某个行为的愿望或意向，是推动人参与某种活动的内部心理动因。学生的体育学习动机是学生体育学习和身体锻炼活动的需要与参与运动的环境诱因的相互影响下产生的，是推动学生体育学习的动力，是学生想要体育学习的愿望和意愿。当学生对体育活动感兴趣，或对体育活动产生了某种需要，学生就会产生体育学习的动机，就会积极主动地投入到体育学习中去。有效的教学导入则可以激发学生的学习动机，使学生以迫切的学习热情和对新知识与技能学习的渴望心情，积极主动地投入到体育知识与技能学习中去。

（三）指明教学目标

课堂教学目标在教学中具有重要的地位，并扮演着十分重要的角色。从教师的角度看，教师要具有明确的课堂教学目标，其包括：学生学什么；学到什么程度；用什么方法和态度来学；用什么手段来评价等。在教学导入时，教师要清晰地向学生阐明本课教学目标，要学生知道他们的"目的地"，才能自觉地以目标来规范自己的学习行为，并主动地去逼近目标；反之，学生对教师的教学目标一无所知，教师教一点，目标显现一点，学生清楚一点，学生一直被教师牵着鼻子走，一直处于盲目被动学习的状态中。而教师向学生明确交代本课教学内容和目标，激发学生的学习动机，使学生产生实现目标的强烈愿望，自觉地以目的为方向监控和调整自己的学习，有效地将学生带入所要学的体育知识与技能领域中，并为学生的学习起到定向作用。因此，教师有必要在教学导入时把本课的教学目标向学生交代清楚。

（四）复习相关的旧知识

复习与新知识和技能有关的旧知识和技能是教学导入的重要内容之一。根据体育运动技能的形成和迁移理论，运动技能的形成都是由认知定向阶段、动作联结阶段和协调完善阶段逐步形成和发展起来的，而且个体学习动作技能的能力随着年龄和经验的不断增加而提高，已形成的运动技能对掌握新技能会产生一定的影响。教学导入能从复习相关的体育知识与技能转入到学习新知识与技能，由已知过渡到未知．激活旧知识与技能，形成比较自然、流畅的过渡，从而使新知识和技能迅速同化到学生的认知结构中去，使学生产生成功感，为后续的学习提供动力。因此，教学导入既是先前教学的延伸，又是本课教学的开始，它承担着"承上启下""承前启后""温故知新"等新旧内容或课与课之间的"桥梁"和"纽带"的作用。

（五）渲染气氛，创设情境

教学导入时，学生已经掌握的体育知识与技能和呈现课堂教学目标属于认知因素的范畴，而吸引学生的注意力、激发学生的学习动机、调动学生的情感、营造课堂教学气氛、创设特定的教学情境等则属于非认知因素的范畴，二者相互依存，缺一不可，共同影响着教学导入的质量，但非认知因素在教学导入中却扮演着十分重要的角色，对教学导入的成败起着举足轻重的作用。

三、教学导入技能的构成要素

（一）聚集注意

教学导入的构思与实施就是要使学生的心理活动保持在教学行为上，使学生对教学无关或有碍的活动及思维得到抑制，转而迅速地将注意力投入到新的学习中来，并使之得到保持。在课堂教学的开始，教师应根据教学导入的内容来设计一个教学环境，给学生发出上课的信号，使学生专心于导入活动，并让学生做好进入学习状态的心理准备，才能从教学之始就得到鲜明的反应，使之迅速地聚集注意和思维，以获得良好的学习效果。引起学生注意的表现为：同学们举目凝视，或侧耳细听，或凝神思考，或紧张屏息，或议论纷纷，或精神为之一振，等等。

（二）引起兴趣

兴趣是学生认识需要的情绪表现，是学生主动探求知识的诱因，也是学习动机中的重要成分和求知欲的起点。教学导入的目的即用各种方法把学生的这种内部积极性调动起来，促使学生对本堂课的学习活动产生积极的情绪反应。在课堂教学的开始，教师根据学生的认知能力和教学内容，给学生设置一定的问题情境并制造学习气氛，引入新课，使学生感到与他们原有知识、技能或经验等认知结构上的不协调或差距，从而激发学生对教学内容的认知兴趣和认知需要，引起学生的好奇心和求知欲，心理上产生想要学习的愿望，引起学生兴趣盎然地对新问题、新知识与新技能进行探究的欲望。

（三）明确目的

学习的期待是学习动机的一个基本构成要素，是学习者对学习活动所需要达到的目标意念，而目标在教学活动中具有启动、导向、激励和调节等心理功能，能激发学生对学习新任务的动机，形成期待心理和学习定势，从而调动学生学习的积极性。在教学导入过程中，教师要适时地向学生讲明学习的目的和意义，帮助学生明确本课的课堂教学目标，即预期通过学生的知识、技能、能力及情感等将产生哪些变化，并明确按怎样的程序和运用什么方法去学习，使学生在课的开始就明确本次课的学习内容和应该达到的学习目标，以充分调动学生的内部动机，发挥他们学习的积极性和主动性。

（四）进入课题

教学导入设计就是在教师充分了解和利用学生已有知识、技能及能力的基础上，教师通过教学导入自然地进入新课题，把学生将要学习的新知识、新技能与其已有认知结构中有关的知识与技能相联系起来，以使教学导入和课题之间建立起有机的联系，并有效地使学生情感迅速转入到本课教学目标，将学生的注意力集中到本课所要解决的教学重点与难点上，以发挥教学导入的作用。

四、教学导入技能的方式

（一）直接导入

教师简明扼要地阐明本课学习目的和要求，以引起学生注意，诱发其探求新知识的兴趣，使学生迅速进入学习情境的一种导入方法。

直接导入开门见山，直奔主题，不拐弯抹角，能够节省大量时间，但容易形成平铺直叙，流于平淡，不能有效地吸引学生的注意力、激发学生的学习动机、促进学生的参与，效果有时不尽如人意，并可能会造成"导而不入"的情况。

（二）直观导入

教师通过直观的动作示范、技能操作、实验演示或引导学生对实物或媒体展示内容的观看和体会等手段，以强烈的视听效果、逼真的现场感受等吸引并引发学生兴趣，再结合观察实际提出与教学活动相关联的问题，创设研究问题的情景，激发学生解疑、求知的欲望的一种导入方法。

直观导入具有形象生动、具体感性等特点，是体育课堂教学最常用的一种导入形式。体育课堂教学中，教师必须要以准确、熟练及优美的示范动作给学生最直观、最规范的视觉冲击，使学生在知觉意识上产生钦佩的连锁反应，吸引学生的有意注意，激发学习兴趣和动机，以利于学生建立清晰、准确的动作概念，并为学生留下较深的记忆影像，增强学习的效果。但在直观导入时，教师也要不失时机地提出问题，以指明学生观察和思考的方向。

（三）情境导入

教师通过语言来描绘情境，通过环境、活动或音乐等来渲染情境，通过多媒体或绘画等来再现情境，通过学生参与活动或表演来体验情境，使学生展开丰富的想象，产生如闻其声、如见其人、置身其中、身临其境的感受，从而引起学生的学习兴趣，调动学习欲望，唤起强烈的情绪体验和情感反应，使学生情不自禁地进入学习情境的一种导入方法。

情境导入必须从教学的实际内容出发，以"情"为纽带，创造良好的符合教学需要的情境，不仅要起到"随风潜入夜，润物细无声"的效果，而且在设置情境时注意要有明确的目的或意识，使学生能真正"入景"，以激发学生的情感，陶冶学生的情操，提高学生的审美情趣和人生素养。

（四）设疑导入

教师通过设置带有启发性的悬念疑难或富有挑战性的问题，创设学生认知冲突，使学生顿生疑虑，从而唤起学生的好奇和求知欲，激发起学生的兴趣，产生进一步积极思考和学习设疑导入要求教师要编排设计好一套符合学生认知水平、形式多样、富有启发性的问题或典型工作任务，引导学生回忆、联想，并自然渗透本课研究的主题。此外，还要根据学生年龄与身心特点并结合教学目标与内容，在教学重点与难点中设疑，而且设疑要难易适中，能启发学生积极思维，循序善诱，能够激发学生的兴趣、探究心理和求知欲。

（五）游戏导入

教师通过组织学生做与教学内容密切相关的体育活动或体育游戏，调动学生学习的积极性，进而导入具体教学内容，使学生在体育活动或体育游戏中不知不觉地进入学习情境的一种导入方法。

游戏导入新课，不仅能激发学生的学习兴趣，活跃课堂气氛，把学生的注意力和情绪转移到课中来，而且还能通过针对教学内容设计的游戏帮助学生对所要学习的新技术有较深的理解。但游戏的设计和选择不仅要紧扣本课教材内容，而且还要有趣味性、启发性、新颖性，并要适合学生的年龄、性别、心理和生理特点。

（六）旧知识或技能导入

教师根据知识或技能之间的逻辑联系，找准新旧知识或技能的联系点，以旧知识或技能为基础并发展深化，通过帮助学生复习旧知识或技能与即将所学的新知识或技能有关的部分，合乎逻辑、顺理成章地引出新的学习内容，达到温故知新目的的一种导入方法。

旧知识或技能导入是由已知导向未知，过渡流畅自然，适用于前后连贯性和逻辑性较强的知识或技能学习，其符合学生的认知规律，使学生在复习旧知识或技能的同时直接点出新知识或技能，避免学生对新内容的混淆。但教师要特别注意科学把握知识或动作技能间的内在联系和技能迁移规律，提示或明确告知学生新旧知识或技能间的联系点，以增加正迁移的发生，尽量减少或避免负迁移的干扰或影响，而且复习时间不要太多并要简明扼要。

（七）讨论导入

教师向学生提出两种截然不同或针锋相对的观点或问题，使学生产生激烈的思想冲突，萌发和激起学生探究问题的强烈愿望的一种导入方法。

讨论导入时，教师设计并提出问题，或由学生提出不同观点的问题后，引起学生对问题的思考、讨论或竞争，激发学生的学习欲望和潜力，活跃课堂气氛。

除了以上体育课堂教学常用的几种教学导入技能的方式外，还有课堂教学导入的方法，如经验导入、事例导入、故事导入、析题导入、多媒体导入、激趣导入、类比导入、对比导入等。但要根据自己的教学特点，根据班级学生的特点，根据教材的特点灵活应用。只要我们不断钻研教学导入方法、挖掘教学导入语言，定能给体育课堂增色不少，从而达到有效提高体育课堂教学质量的效果。

五、教学导入技能的特征

（一）针对性

教师一定要明确导入技能教学的目的，针对课型和既定的教学目标来精心设计教学导入，即教学导入方式应指向本课的教学目标，紧扣本课的教学任务和目的，围绕本课的教学重点与难点进行设计，并根据不同的教学目标和内容特点采用多样化的方式，使其成为完成教学任务、实现教学目标的一个必要而有机的部分，让学生明确要学什么、怎样学、为什么要学等。

（二）关联性

教学导入必须与本课的教学内容要有密切联系，必须紧扣中心，围绕主题；教学导入内容设计要与学生的年龄、身心特点及认知规律相适应，与学生的实际生活相关；教学导入内容要与新课的内容紧密相关，要善于通过对旧知识与技能进行复习或练习，以建立起新旧知识与技能间的联系，揭示新旧知识与技能间的关系，并产生知识与技能的迁移，以便于将新知识与技能纳入学生原有的认知结构中，降低学习新知识与技能的难度。

（三）趣味性

设计教学导入时要根据教学目标、教学内容、自身条件、学生特点及场地器材情况等因素选择发生在学生身边，并能引起学生好奇心且富有直观性、启发性、趣味性，能使学生感兴趣的材料，以引导学生发现问题，激发学生解决问题的强烈愿望，创造愉快的学习情境，促使学生自主探求知识与技能，起到抛砖引玉、引人入胜等作用。

（四）经济性

教学导入时间一般较短，但目标明确且担负的任务繁多、作用重大，所以教师必须要精心设计、仔细推敲、反复修炼教学导入方式与语言，确保导入语言高度浓缩、言简意赅、通俗易懂、经济适用，尽可能在最短时间内转入正题并尽快入境，提高学生的参与程度，使学生容易理解与接受。

（五）适度性

尽管教学导入和随后的正式教学关系密切，但教学导入毕竟不是正式教学，教学导入的任务只是引出本课堂的教学内容，而不是具体讲解教学内容，教学导入应与随后的正式教学内容有清晰的界限。因此，教师应把握好教学导入的"度"，使得教学导入既能引出随后的正式教学内容，且又不涉及正式教学内容的具体讲解。

六、教学导入技能的应用策略

（一）选好教学导入的切入点

以学生的认知规律为切入点，要符合教学内容与学生认知活动相统一的需要；以课堂教学各环节的起承转合为切入点，要使课堂教学各环节过渡得自然巧妙且环环紧扣，把握课堂教学各环节的阶段性；以学生的心理需求为切入点，在学生出现心理滑坡或疑难时发挥导航效应。

（二）把握教学导入的衔接点

要促进学生在原有的知识与智能结构基础上形成新的认知结构，促进认知活动的衔接，并构建新的知识与智能系统过程；抓住师生双方间的信息感应力和接受力最强的时机，促进师生信息交流的衔接，传递与交流知识信息；把学生的思维活动集中在知识点与能力点的转化上，促进知识结构与智能结构的衔接，指导学生实现智能结构的形成。

（三）激活学习心理的内化点

把学生的注意与兴趣集中定向于课堂教学目标，并形成稳定的课堂教学氛围和良好的教学心理环境；把教师富于激情的导入作为感染学生的基点，促成师生在认知、情感等方面的互动，创造主体与主导和谐统一的平台，提高学生参与的主动性；调动和激发学生的求知欲、创造欲，促进学生积极、活跃的思维活动。

（四）设计与选择最佳的教学导入方法

根据教材、学生和课堂氛围来设计与确定最佳的教学导入方法，把握教学导入方法的指向性，将学生吸引到特定的教学程序之中；教学导入方法既要融知识性、趣味性、思想性、艺术性于一体，又要与教学内容和环节水乳交融；教学导入方法要灵活、熟练配用，既不能单一，也不能形成套路定式，要把握教学导入方法组合的多向性。

（五）要突出教学导入的语言特色

教学导入语言不仅要具有时代性，并要适应学生的心理特征、认知能力、审美要求，而且还要集逻辑性、准确性、深邃性于一体；教学导入语言不仅要形象生动，富于想象和联想，而且还能构建学生的思维结构，引发创新活动；教学导入语言不仅要真挚饱满、热情奔放且富有激情，也要有提炼、概括、综合的过程，而且还要突出灵活、即兴的风格，让课堂教学充满生机与活力。

第二节　教学准备活动技能

一、教学准备活动技能的含义

根据体育教学的客观规律，体育课的组织结构一般分为准备部分、基本部分和结束部分（或也分为开始部分、准备部分、基本部分和结束部分）。体育课堂教学中的准备活动是准备部分的重要内容之一，无论是什么样的体育课堂教学结构和教学模式，都离不开准备活动，其不仅具有比较巩固的特点，而且这些特点也反映出一定阶段的教学思想，并对具体教学过程中的教学内容、教学形式产生很大的影响和制约作用。

教学准备活动是在体育课的基本部分之前，为克服内脏器官的生理惰性，动员和提高中枢神经系统的兴奋性及运动器官的工作能力，缩短进入工作状态的时程，预防肌肉、韧带和关节的损伤，并尽快把学生的思想和注意力集中到体育课堂教学中来，根据课的内容而采取有目的、有针对性的身体练习。准备活动作为课堂教学过程的重要组成部分，不仅是促进人体由安静状态向兴奋状态逐渐过渡的一个过程，也是体育课堂教学重要的起始部分及向教学基本部分引入做好身体和心理准备的衔接环节，其内容形式主要是根据上课所学内容来进行安排，同时，加上一定的兴趣形式的内容，更能引起学生的共鸣，而且还要根据学生的年龄、季节、气候、运动项目、训练水平和个人特点等因素适当加以调整。

教学准备活动的主要生理机制，是通过预先进行的肌肉活动在神经中枢的相应部位留下兴奋性提高的痕迹，这一痕迹所产生的生理效应能使教学主要部分练习时中枢神经系统的兴奋性处于最佳水平，增强内分泌腺的活动，为正式练习时生理功能迅速达到最适宜程度做好准备；增强氧运输系统的活动，使肺通气量、吸氧量和心输出量增加，心肌和骨骼肌中毛细血管网扩张，工作机能获得更多的氧供应，生化反应加快进行，有利于机体发挥最佳功能；促使体温适度升高以加快神经传导速度，增加肌肉收缩速度且弹性增强，降低肌肉的黏滞性，预防运动损伤；促进调节功能得到改善，内脏器官的功能惰性得到克服，以利各器官之间互相配合、协调、提高运动器官的工作能力。因此，教学准备活动的有效设计、组织及完成得是否充分将有助于学生集中注意力，充分活动肢体，活跃课堂气氛，预防运动损伤，提高身体素质，培养正确的身体姿势，加快动作技术掌握等，并直接影响到本节体育课堂教学目标完成的质量及教学效果，其在体育课堂教学中具有非常重要的地位和作用。

从准备活动的结构上来看，准备活动是整个体育课堂教学结构的一部分，一般安排在课的开始热身环节，是导入教学基本部分的前奏。其与前后各个环节间应互相联系成为统一整体，并围绕同一个课堂教学目标，有效地针对课堂教学的重点与难点展开教学，体现为主要教材学习做好生理和心理上的准备。一节45分钟的体育课，准备活动时间大约为8～12分钟。

从准备活动的内容上来看，准备活动的内容要根据课的内容而定，课的内容越复杂，准备活动越要充分，不同内容的体育课，要进行不同内容的准备活动，而且为更好地完成基本部分的教学内容，准备活动内容的选择要与教学基本部分内容密切相关，要根据课的主要学习内容有针对性地安排，并与主教材有机结合不能出现明显的界线，从而充分体现出准备活动与整个课堂教学内容的统一性与完整性，以达到准备活动的实效性。同时，准备活动的内容还要根据学生的年龄、性别、班级特点，以及气候条件变化等合理选择，不能一成不变。

从准备活动的形式上来看，准备活动的形式通常由一般性准备活动和专门性准备活动两部分组成。一般性准备活动主要是通过队列及队形、徒手体操、轻器械操、韵律操、走及慢跑、伸展性练习及一般性游戏等，使机体得到一个较全面的一般性准备，以普遍提高中枢神经系统的兴奋性和机体各部分的机能；专门性准备活动主要是针对基本部分的教学做好进一步的准备，促使神经中枢之间建立起精确的协调关系，即促使与运动有关的中枢神经系统、心血管系统和呼吸系统的机能水平和工作能力提高到适宜的兴奋程度，降低或抑制与运动无关的各系统的兴奋性。通常是在一般性的准备活动基础上再进行专门性的准备活动，才能更有效地提高身体各器官系统的机能状态，为进入下一阶段主要部分内容的学习做好充分的身体和心理准备。

从准备活动的运动量上来看，由于克服机体的生理惰性需要一段时间，准备活动的运动量要适当，基本以达到学生做出汗，自感身暖，情绪兴奋，想运动，脉搏在25～30次/10 s之间即可。准备活动应采用结构简单的动作，其各种练习的强度应逐步提高，运动量由小到大，并将其控制在低于该次课的中等强度的水平之下，中间稍有起伏，最后适当下降。要把专门性的准备活动放在准备活动的后半部分，要使学生准备活动后微微出汗，全身发暖，情绪也已调动起来，对即将进行的基本部分的内容开始跃跃欲试，即已达到准备活动的生理和心理的要求。运动量太小，身体活动不开，无法适应正式练习，而运动量太大，能量消耗过多，中枢神经容易疲劳，会影响完成课堂练习任务。

二、教学准备活动技能的特征

（一）趣味性

学生对准备活动内容产生了兴趣，才能引导学生积极、自觉地参与体育学习和活动，并在活动中体验运动健身的乐趣。这就要求在准备活动内容的选择上应考虑学生的身心特点和素质水平，把激发和培养学生的运动兴趣放在首位，围绕课的主要内容，多采用符合学生年龄、性别、生理和心理特点的练习或游戏内容及灵活多变的教学手段来组织实施准备活动，并体现出准备活动的趣味性特点。

（二）针对性

准备活动的主要目的就是使学生身体各器官系统机能迅速进入工作状态，能以饱满的热情和适宜的身体状态去参与一节课的学习活动。这就要求准备活动的内容设计要与主教材密切相关，并根据不同的体育项目、不同的课堂教学内容、教学重点难点而选择具有针对性的模仿练习、诱导练习或辅助练习等，让学生逐步感知、感受主教材的学习要点，从而加快运动技能的形成。同时，在具体准备活动内容的选择上要紧扣项目特点，紧密结合基本部分的教学内容，兼顾整节课的连贯性、整体性，以使其与整个课堂教学过程融为一体，体现出准备活动的针对性特点。

（三）多样性

为更好地配合课堂教学，要根据学校的具体条件，针对不同类型的教学对象，充分发挥自己的主观能动性，组织编排趣味性较强、形式多样的准备活动。既要有徒手操，又要有器械操；既要有原地的，也有行进间的；既有单人的，也有双人或集体的；既有一般性练习，又有模仿、辅助性或诱导性的专门练习，体现出准备活动的多样性特点，使学生感到新颖有趣，在提高神经系统兴奋性的同时也激发了学生的运动欲望。

（四）实效性

首先，准备活动的目的就是以既能提升体育学习效果，又能激发学生体育学习兴趣的内容，并从实际出发，根据现有的体育场地器材设备，结合年龄段学生的身心特点，为体育课堂教学做好身体和心理准备，以预防伤害事故的发生。其次，准备活动还能提高身体素质，培养正确的姿势，有利于学生更好地掌握运动技能，以体现出准备活动的实效性特点。

三、教学准备活动技能的功能

（一）准备活动对运动系统的功效

首先，准备活动可促进机体体温升高，使肌肉、韧带的代谢活动增强，提高肌肉弹性和韧带的柔韧度，降低肌肉的黏滞性，加快肌肉的反射速度和收缩速度，使肢体拥有迅速的位移运动能力和准确的判断能力，从而有效地预防肌肉、韧带的拉伤或撕裂，同时，也促进血液循环，增加肌肉中的血供应。其次，课前做好准备活动能有效预防关节和关节周围软组织损伤。

（二）准备活动对心肺系统的功效

准备活动能提高机体的基础代谢能力，并促使机体体温升高，重新分配体内的血液．加快血液循环，增强心脏输出量和肺泡通气量，克服心肺系统的"机能惰性"，使心肺机能能够满足身体对氧气的需求，推迟或缩短"极点"的出现．减轻"极点"对机体运动能力造成的影响，或尽快出现"第二次呼吸"，从而使机体能够顺利完成训练任务，保证体育课的教学质量。

（三）准备活动对神经系统的功效

首先，准备活动能促使人体的大脑反应速度提高，动作反应时间缩短，身体协调性增强，神经传导速度加快，尤其是本体感受性反射的传导速度加快，神经中枢对外周肢体的运动速度、角度变化的定位判断准确，从而能够及时对参与运动的肌肉进行精细化调节，有效防止因动作不协调引起的机体受伤。其次，准备活动可使机体的大脑皮层处于适宜的兴奋状态，从而使机体的警觉性提高、注意力集中，能够有效地预防意外损伤的发生和提高学生对动作技术要领的掌握，提高体育课教学的质量。

（四）准备活动对学生心理调节的功效

由于学生的身体素质各不相同，一部分身体素质较差的学生往往在上体育课前，会由于条件反射使身体各器官系统的机能起变化，以适应即将到来的肌肉活动。这种生理变化是由于大脑皮层的兴奋性过高或过低引起的，一般会出现"过度紧张"或者"无精打采"的现象。在这种情况下就可以通过变化准备活动的强度、时间，调整学生的心理适应能力，对学生的心理调节有帮助作用，达到教学的目的。

四、教学准备活动技能的构成要素

（一）准备活动时间

准备活动是否充分、有效做好的先决条件就是学生的体温是否有升高，体温的升高是整个准备活动的重点和最终目的。这就要求要以一定持续的准备活动时间作为保障，一般的情况下，一节 45 分钟的体育课，准备活动时间应控制在 8～12 分钟之间，以保证学生的体温自然升高，也加快并增加了神经传输速度与氧气补给量，同时，还要适时地考虑到学生的年龄、性别、身体素质、运动项目，以及当时的气候温度等实际影响因素适当加以调整。若准备活动时间过短，则无法真正起到作用，不利于直接转入课的主要学习内容；若准备活动时间过长，运动强度和量过大，则会严重消耗学生的体能，会对之后的学习内容产生不良的影响。

（二）运动强度和量

从生理学的角度分析，准备活动的运动强度和量应以中等强度和量为宜，一般使心率达到 110 次/分钟～140 次/分钟之间，才能充分调动身体机能，使得人体大脑皮层中的相关部分产生适应性的反应，为身体能够适应接下来的学习任务或激烈运动而做好适应性准备。

（三）时间间隔

准备活动结束后转入正式学习内容时，应该留一点点时间给学生从身体上和心理上稍做些调整或恢复，这段时间一般控制在 2 分钟左右。如果这段时间过长，就会使得学生刚被调动起来的情绪和身体各项机能有所下降，且适得其反；但时间过短或没有，也会使学生在中等准备活动强度和量之后，从身体上和心理上无法稍作调整或恢复，对之后较大强度和量的学习任务或激烈运动难以承受及适应。

（四）准备活动内容

准备活动内容主要是根据课堂教学内容，选用多样、多变、丰富且趣味性强的形式内容，如采用模仿操练习、简单的竞赛、趣味游戏或专门性练习等，且随时对其加以调整或变化，以引起学生的共鸣，调动学生的学习兴趣，有效促使学生体温上升并使其处于一定的兴奋状态。否则单一模式的准备活动持续时间过长或没有任何变化，学生难免会产生厌恶或抵触的心理，从而影响准备活动的效果及之后的教学任务。

（五）准备活动形式

准备活动形式有一般性准备活动和专门性准备活动两种。

一般性准备活动通常是采用慢跑、队列队形、持轻器械、游戏、舞蹈或竞赛等形式，使机体得到较全面的热身，以普遍提高中枢神经系统和机体各部分机能的兴奋性为目的；专门性准备活动则通常是采用一些有针对性的诱导性练习、辅助性练习或模仿性练习，对之后的教学内容起到一定的辅助作用。

五、准备活动的类别与技巧

（一）常规性的准备活动

常规性的准备活动是从学生身体全面发展出发．根据教材性质和学生的特点，组织安排的准备活动。其内容既有逐步提高人体工作能力的走、跑、跳等练习，又有保证学生身体正确的姿态，促进学生身体生长发育的队列队形练习和基本体操等内容。

（二）诱导性的准备活动

诱导性的准备活动是为使学生加速对动作技术的掌握，根据学习内容和学生情况而组织安排的准备活动。每一节课的准备活动形式与内容都要根据实际课堂教学内容和目标来选择和确定，而且必须是具有一定诱导性、辅助性或模仿性的练习形式与内容，才能以相似性较高且难度较低的练习让学生更快地适应新的学习内容，增强学生的学习信心，增加学生的学习能力，让学生更加容易掌握新的学习内容，以有效完成课堂教学目标。如课堂教学内容是跳高，那么在进行正式教学内容学习前可让学生先做原地或助跑2～3步单腿纵跳练习，以此作为诱导性或辅助性的准备活动。

（三）兴趣性的准备活动

兴趣性的准备活动是以课堂教学内容和教学目标为前提，在了解学生的需要、兴趣及控制好运动强度和量的基础上，通过游戏、循环练习及竞赛等多种兴趣性的练习方法来铺设课前的准备活动，以调动和增加学生们的学习兴趣，使学生们调节好身体各项机能，同时，也可以使得课堂教学内容更加生动和有趣，并有助于之后主要的教学内容学习。例如，以篮球为主要教材采用的"滑步数手指"游戏、篮球运球接力赛等。

（四）节律性的准备活动

节律性的准备活动是在节奏或旋律较强的音乐伴奏下进行的，如健美操、韵律操、武术操或伸展运动等律动性的准备活动形式。这类活动融体操、舞蹈和音乐于一体，具有韵律美、节奏感强、趣味性大及音乐旋律明快等特点，使学生轻快活泼、精神愉悦，产生跃跃欲试的感觉，在各方面满足了学生的兴趣，深受学生们的欢迎，并很好地达到了准备活动的目的。

（五）意念性的准备活动

意念性的准备活动是在进行常规学习前，主要采用一些自我引导或心理暗示活动，如针对动作的重点或难点进行表象练习、暗示练习、自信练习等。这类准备活动作为一种课前调节练习，可以从身心上激活学生，有效地调动学生的心理和生理状态，调控紧张的情绪，高度集中注意力，加深对动作的理解，节省体能，为之后的动作技能学习和掌握做好铺垫和心理调节，以有效提高学生的领悟能力，提高学生的学习效率。

（六）放松性的准备活动

放松性的准备活动是在进入正式的体育课堂教学内容前，通常采用慢跑、轻松的跳跃、身体放松抖动、深呼吸等活动方式，以完全充分地激发出学生的体能，使学生处于最佳的练习状态，以保证学生在进行主要内容学习或剧烈的运动时，身体不容易受伤，而且放松性的准备活动的练习次数及强度等要根据教学内容、学生的身体状况来选择确定。

（七）技巧性的准备活动

技巧性的准备活动一般采用队列队形练习或各种操类练习，如队形变化、图形行进或配有音乐的各类体操等多样的变化形式，以有效提高学生的学习乐趣，增加学习的效率。

（八）补偿性的准备活动

补偿性的准备活动是为掌握动作技术，根据学生对动作技术掌握时所欠缺的身体素质而组织安排的活动内容。例如，为掌握单杠的翻身上而安排的仰卧起坐、两头起、单杠引体向上、双杠双臂屈伸等练习。补偿性准备活动的内容选择应根据具体动作技术的需要来确定，并依据学生的承受能力来安排运动负荷。

（九）迁移性的准备活动

迁移性的准备活动是为形成正确的动作概念，加速对动作技术的掌握，促进迁移并克服干扰而组织安排的活动内容。如跳远和跳高的踏跳是完全不同的两个技术，在掌握跳远技术之后，学习跳高动作技术时，应安排与跳远的踏跳技术有区别的模仿练习和辅助练习。

六、教学准备活动技能的方法

（一）伸展肌肉

做准备活动时，先通过各种伸展动作使身体各部位肌肉得到伸展，这一方面可以使肌肉得到充分的活动，另一方面还可以有效地防止肌肉拉伤。伸展肌肉部位的顺序一般是颈、上肢、躯干、下肢及脚踝等。伸展练习的原则是前后、左右及绕环等动作开始用力小一些，动作幅度也相对小一些，然后循序渐进地加大力量和动作幅度。

1. 颈部肌肉的伸展

颈部肌肉有支持头颅和保护颈椎的作用。颈部肌肉的伸展一般采用站立或跪立，低头、仰头，再分别向左右侧转头，最后是头分别由左向右或由右向左绕环。

2. 上肢肌肉的伸展

两臂上举后摆或后振，两臂下垂后摆，两臂上举，两手交叉，手掌上翻向上伸展，单臂上举向异侧方向震动。

3. 躯干肌肉的伸展

双手叉腰作体前屈、体后屈、向左右转体、由左向右或由右向左绕环，双臂上举伸直随身体作腰部由左向右或由右向左的大幅度绕环。

4. 下肢肌肉的伸展

下肢肌肉的伸展主要是伸展大腿群和后群肌肉以及小腿后群肌肉。跪撑在垫子上慢慢向后倒体可使得大腿前肌肉伸展，体前屈的动作，但膝关节应该微屈向下压使得大腿后群肌肉伸展；在伸展小腿肌肉群时，要采取屈膝体前屈，一腿前伸勾脚尖，重心放在后腿上的姿势，左右交替进行。

5. 脚踝肌肉的伸展

脚尖点地，作脚踝部位的前屈、后屈、向左右绕环。

（二）走

伸展肌肉结束后，通过走一段距离，可以使被牵拉肌肉的弹性得到恢复，并且从生理和心理上为将要开始的较为激烈的活动做好准备。然后再从容地过渡到慢跑。走的时候可以先是随意走，然后是用脚后跟走、前脚掌走、脚外侧走及脚内侧走。走的速度由慢到快。

（三）慢跑

应根据所处的环境来确定慢跑的时间。一般温度相对较低时慢跑的时间稍长一些，而温度相对较高时慢跑的时间稍短一些。慢跑的速度可由慢到快，由全脚掌逐渐过渡到前脚掌。

（四）伸展韧带

慢跑结束后就可以做伸展韧带练习了，通过伸展韧带不仅能有效防止受伤，而且还可以增加其他关节的活动幅度和灵活性。一般应重点伸展肩、躯干、髋、膝以及踝等部位的韧带。

1. 伸展肩关节韧带

肩关节的结构特点是上臂肩关节可以任意向前或向后运动。一般采用扶墙或把杆压肩、拉肩，双人一组互相压肩、拉肩或振臂练习，以使肩关节韧带得到有效伸展。

2. 伸展躯干关节韧带

躯干关节韧带一般是对脊椎前后、左右韧带的伸展。通常采用体前屈、跪撑后倒身体俯卧撑、俯卧两头起、向后下腰，以及体侧屈等伸展躯干关节韧带。

3. 伸展髋关节韧带

一般采用纵劈腿、横劈腿、正压腿、侧压腿、正踢腿、侧踢腿、外摆踢腿、内摆踢腿等练习伸展髋关节周围的韧带。

4. 伸展膝关节韧带

一般采用正面压腿、下蹲、伸直等练习来伸展膝关节韧带。

5. 伸展踝关节韧带

一般采用臀部跪坐在脚后跟上压脚踝正面、脚内侧压、脚外翻压、脚后蹬压、绕环等伸展踝关节韧带。

（五）一般性准备活动

例如，小步跑、高抬腿跑、后蹬跑、车轮跑、专门性练习、加速跑、一般性的跳跃练习等。

（六）专门性准备活动

专门性准备活动的内容应与所要学习的主要内容相接近，就是为主教材做辅助性练习，例如，跳远的起跳和短跑的助跑跳、三级跳远的单足跳和跨步跳、篮球的传球和带球跑动等。

第三节　体育课堂的教学语言技能训练

语言是人们沟通的桥梁，体育课堂的教学语言技能是教学中运用最广泛、最基本的技能。教师对学生进行思想政治教育、传授体育知识、指导体育动作，都需要教学语言，同时，还能促进学生观察、分析和解决问题能力的提升。教学语言是保证一切教学活动正常进行的最基本的行为方式。教师不仅要正确地运用教学语言，还要不断提升语言的表达能力以及语言的审美感，使语言准确、生动、更具启发性，这既能提升学生的学习兴趣，又能增进师生的交流，还能使学生的学习更高效、更深入。因此，要提升体育教师的教学能力与文化素养，就必须训练其教学语言技能。

一、教学语言基本技能

教学语言基本技能主要由节奏、语气等要素构成。

（一）节奏

讲课速度的快慢、吐字的轻重、语调的升降、句子的停顿等都属于节奏的构成。

节奏快慢不可忽视。教学课堂中教师的口语速度以每分钟 200～250 字为宜，但要视课堂情况而适当调整。关键字词的速度稍慢，以使学生听清、理解，"慢"是指字音稍长，停顿多，而时间长；"快"是指字音短促，停顿少，而时间短，连接多。快与慢在语句中的分布不等，教师需平衡把握，做到"快而不乱""慢而不断""快中有慢""慢中有快"。变化节奏也要掌握吐字的轻重，从而表现词语的主次关系，引起学生听觉的高度重视，关键在于选好重音词，做到欲重先轻、欲轻先重。另外，为避免讲课节奏单一，教师要加强声音轻重、高低、快慢的对比，利于声音的起伏和节奏变化。

节奏变化的另一种主要方法是抑扬顿挫，其中包括欲扬先抑和欲抑先扬，从而出现明显的节奏变化。停顿的使用能够控制语言节奏，从而引起学生注意，促进学生的听、想、思考分析能力的进步，尤其是对于难度较大的教材和重点内容而言，停顿的恰当使用具有重大的实际意义。

（二）语气

语气作为语言的情感音调，将人的情感态度体现出来。在语言学中，语言属于句子的"式"，用一定的语法关系表示情感。如命令语气的句子有"全体起立""全体坐下"等。疑问语气有"你摔伤了吗？""你练习了吗？"等。"你认识我"是陈述语气。了解和表达人的各种语气，可以通过"的""了""吗""呢"等语气词和语调来掌握。

讲课时人的情感变化可以通过语气的变化来体现，又包括语气的感情色彩和分量的变化。语气的感情色彩指态度与感情融为一体，包括是非的态度（这是正确的，这是错误的）与爱憎的感情（我爱你、我恨你等）。而语气的分量指是非、爱憎的不同程度（我同意、我不同意、我非常不同意、我反对、我坚决反对等），即表达时态度情感的程度、火候不同。而课堂中教师的语气的感情色彩和分量要以对学生的爱为出发点，体现出真善美的要求。

1. 教师善于变化语气

在体育教学中，不同的教学内容需要不同的语气效果，教师语气要时而温和时而深沉，带给学生不同的心理感受，达到更好的讲课效果。同时，教师需要有同意、反对、赞许、批评、感叹等不同语气的变化。

2. 教师根据实际情况把握不同语气的变化

教师语气的不同，所产生的教学效果就不同，疑问的语气具有启发学生思维积极性的效果；肯定的语气具有鼓励学生继续努力的效果；批评的语气也要适当使用，对于学生的不足之处明确指出，这样能够使学生明确方向，但不能一味指责以免产生消极效果，挫伤学生的积极性。

体育学科的特殊性，即参与人数多、练习形式多样，具有竞争性和对抗性等特点，造成课堂教学中经常会产生碰撞、摩擦等问题，教师需掌握实际情况后合理运用多变的语气恰当地解决问题。但不能大声呵斥企图以简单粗暴的方式来压制学生，教师切忌用不文明、粗俗的、嘲笑的、威胁的语气来要求学生。这样只会引起学生的反感，不利于师生良好关系的建立，造成以后教学的困难。

二、教学口令语言技能

口令语言是体育教学中特有的，是一种专业性的教学语言，是教师通过口头发布命令的一种语言形式。口令语言建立在教学基本语言的基础之上，以供指导活动的使用。所以，教学口令语言也能够表达一定的语义和思想情感，其吐字、发音、语速等也与教学基本语言有着共同之处。而不同之处在于口令的音量、音域以及音高低变化的幅度与教学基本语言相比存在着较大的差异。口令语言有着声音长短、高低、强弱、间歇的变化，具有命令和要求的语气，主要由字、词、数字等构成，并以固定式的语言节奏方式组合而成。从某一程度来说，口令语言是夸大了的抑扬顿挫的延续，它是体育教师特有的一门语言艺术。在体育课堂教学中，体育教师的口令声要洪亮、清晰，并在与其他各种教学手段结合交替的过程中，不断调整学生的动作和行为，从而达到更好的教学效果。

（一）口令的分类

口令有不同的分类方式，其中，根据口令下达的内容与方法，可将口令分为短促口令、断续口令、连续口令及复合口令。

（二）口令的运用

1. 发音准确、洪亮、清晰

口令的发音首先必须清晰洪亮，发音器产生共鸣即可达到这一效果。发音需要借助胸音和腹音。其中胸音一般用于短促口令，通过胸腔的张缩来发音。短促口令一般只有动令，如"稍息""立正"以及用数字表示的节奏口令等，不停顿、不拖音。腹音一般用于发拖音的口令，通过小腹向上提气发音，为丹田音。腹音一般用于断续口令或复合口令，如"向右——转""向前——看"等。

口令一般包括预令与动令。预令是说明要做什么动作，而动令是命令动作的开始，不决定动作的性质。预令切忌吐字不清而使学生无法理解，预令必须清楚洪亮，还要有一定长度的拖音，具体视学生人数而定，以给学生充分的准备时间。动令的下达表示动作的开始，必须短促有力，音调要高于预令，两者之间的间歇时间要由学生队伍的范围大小决定，动令的下达须果断，使学生迅速地反应。在体育教学中少数的口令只有动令而没有预令。

2. 口令发音具有节奏感

口令的下达要有节奏感，掌握语音、语调、停顿等要素，结合学生的实际情况进行适当合理的变化，且富有情感。

口令声音的大小由学生队伍的长度和范围决定，应该以全体学生都听清为原则，音量的大小不能平均分配，一般口令的最后一个字音量音调要高，没有音调的高低变化，口令就会失去其作用，变得单调乏味。例如广播体操的口令时高时低、时轻时重，尽管不断重复，但不失其活泼欢快。

停顿也是构成节奏的重要因素，预令与动令之间的间歇停顿要适当把握，停顿过长或过短都会造成学生动作不整齐。而对于时间较长或较为单调的口令，教师可以适当设置停顿，使口令不致枯燥无味。如行进间步法练习"—2－1－×—1"口令，其中，×表示停顿，可以穿插运用"—2－×—×—1"的停顿方法或"—2－1－2－1"的连接方法。

3. 突出主音，坚定果断

教师要将口令中的重点字词发清楚，突出主音，对于表示动作方向和数量的字要喊清楚，音量加大，拖音也要加长。如"向后——转"要突出"后"字，"向前×步——走"要突出数字。此外，动令一般发第一声，比如"齐步——走"中"走"字发第一声"邹"音，"立正"中的"正"发第一声"征"音。

口令的发布是命令学生开始或停止某个动作，要能使学生做到有令则行，有禁则止，教师的语气必须严肃而果断。为了使命令立即被执行，教师发布口令前应注意时机的把握，根据学生的状态适时地切入，同时，使学生注意力集中，因此，教师的口令必须坚定果断，具有权威。

三、教学语言技能的训练

（一）呼吸训练

教师与学生交流的最主要的载体是声音，声音能表达人不同的情绪，所以教师至少要追求最基本的美感，追求声音的洪亮、悦耳。而这些都取决于气息的控制与呼吸方式。

1. 吸气练习

吸气体会横膈膜的运动，手被腹肌往外推。主要分两种情况：慢吸（如闻花）快吸（如受到惊吓"倒吸一口冷气"）

2. 呼气练习

注意均匀平稳地慢慢呼出，具体方法有：吸一口气后数数；对着纸条说话，但保证纸条不摆动。

3. 换气练习

换气可通过绕口令来练习，如一口气说出：出东门，过大桥，大桥底下一树枣，拿着竹竿去打枣。青的多，红的少。一个枣儿，两个枣儿，三个枣儿，四个枣儿，五个枣儿，六个枣儿，七个枣儿，八个枣儿，九个枣儿，十个枣儿……

（二）共鸣训练

共鸣器官的合理正确的训练运用，能使音量扩大、音色美化、传送距离更远。

首先，扩大共鸣腔，体会张嘴咬苹果或打哈欠时整个发声通道畅通无阻的感觉。口盖抬起并收缩为拱形，舌头放松，喉头处于吸气时的位置。但扩大共鸣腔的前提是不失其本来音色，要适度扩大。其次，控制舌头，多数女性发音部位偏前，声音单薄，而男性发音部位偏后，声音含混不清，这都是因为舌头控制不当，前部举得过高或舌根下压过分。可以多练习 i、ia、ie、ian、in、ü、üe。再次，学会控制共鸣腔的肌肉紧张程度，音升高时应逐渐增加口腔开度；音下降时减小开度，但为控制气流肌肉继续保持紧张。最后，注意咽肌的作用发挥，它能使软腭闭合紧密，防止漏气造成多余的鼻音。在控制唇、齿、舌时协同控制咽肌。

（三）吐字发音训练

首先，教师必须用普通话准确吐字发音，不能用"错字""白字""方言"，避免师生的语言交流受到障碍。其次，要做到语音标准、语法规范、语言流利、语气恰当等要求。

第四节　体育说课

一、体育说课的基本概念

"说课"作为教学、教研改革的一种手段。这项活动因其可操作性强、实效性显著，得到了广大教研工作者的普遍认可，并进一步充实和完善，使其成为一种具有鲜明中国特色的教研活动。

"说课"不仅是一种有着创新意义的教学研究活动，同时，还是教师职业技能训练的主要内容。

一般来说，"说课"是指讲课教师在规定的时间内，运用系统论的观点和方法，用语言和其他辅助手段将一堂课的设计意图和预想程序向人们进行介绍的一种教学活动形式。是教师在完成教案的基础上，阐述自己的教学设计方案及理论依据，是系统而概括地对具体课程进行理解的过程，通过阐述自己的教学观点，来表述自己具体执教的某课题教学设想、策略，以及组织教学的理论依据等。然后由专家评委、学者、领导进行评价，判断出该教学设计方案是否切实可行，能否达到预期教学目标的一种新课堂研究活动。

说课的时间一般在 10 分钟左右，在课前或课后进行都可以，是在备课之后、上课之前进行的，有别于备课的一种新的教学组织环节。说课的本质是备课，但又高于备课，可以说，说课是上课前的实践演习；它不是上课，又是准课堂教学。

二、体育说课的构成要素

说课活动的主要构成要素有说课主体、说课客体、说课稿和语言表达等。它们共同构成了说课这一有机统一的整体。

（一）说课主体

说课的主体又称为说课者，其身份是教师，他们是说课活动的策划者与执行者，是说课这一过程的主要实施者。对教师来说，说课是他们进行自我展示、不断完善和磨炼教学基本功的一个重要过程，是教师能够上好课的前提和基础，是全面提高教师整体素质的一种形式。

（二）说课客体

说课的客体又称为听说者，其身份是指教学同行、领导或教学研究人员，他们是说课活动的学习者、指导者或研究者，是说课过程的评价者。通过说课活动，说课者能够从听说者处得到客观、现实和公正的评判，吸取先进的教学理念和科学的教学方法以及有效的措施，以达到优化课堂教学的目的。同时，说课对听说教师也是一种有效的素质培训，听说者不仅要认真听说，边听边思考，而且要对说课教师的说课做出客观且正确的评价，这个过程既是检查听说者已有教学水平的过程，又是促进听说者综合运用教学理论的过程，都有利于听说者教学综合素质的提升。

（三）说课稿

说课稿，是说课者为进行说课而准备的文稿，是说课活动的核心，它有别于教案，教案只描述"教什么"和"怎样教"，而说课稿的重点则是说明白"怎样教"和

"为什么要这样教"。作为说课者，教师应该在吃透教材、明晰内容，以及确定教学目的、教学重点与难点的基础上，按照整体构思、融为一体、综合阐述的原则，分块说明、分步阐述说课内容，来进一步提高说课的效果。

（四）语言表达

语言表达是说课活动的媒介，语言表达的过程是把自己想要表达的内容，通过良好的语言组织，流畅地表达出来，以便让别人理解自己的想法和意图，甚至能够引起别人的赞同和共鸣。那么，怎样才能在陌生人面前畅谈无碍呢？概括说来，首先要进行细致的语言组织，然后通过一定的表达技巧，循序渐进地陈述自己的观点、思路。语言表达能力直接影响着说课的质量与效果。教师提高语言表达能力主要途径有以下三个：

1. 积极参加社会实践锻炼活动；

2. 多参加学校的演讲、辩论类比赛等活动；

3. 参加专业培训，接受专家的针对性指导。

三、体育说课的分类

说课是教学活动的一个重要组成部分，按其活动的目的、要求，以及次序等方面的不同，通常可以分为不同的类型。一般来说，说课可以分为学科课程、课程标准、学科教材和课程资源利用等。具体来看，说课主要是教学实施过程的设计策略和流程。根据不同的角度划分，说课可以细化为以下几种基本类型：

（一）从相对于课堂教学的顺序分类

1. 课前说课

顾名思义，课前说课即在课堂授课前的说课活动。课前说课是当下组织教研活动和教学基本功竞赛中说课的主要形式。在充分备课的基础上，教师把自己的备课过程，包括备课时进行的教材分析、教材处理、教学方法设计、训练设计、教学程序及预估学生的达标程度进行全方位的阐述，供同行、领导和专家们进行评说。其内容包括：说学情、说目标、说构思、说学法、说教法、说内容等。

2. 课后说课

课后说课是指在上课后进行的说课活动。课后说课又可分为上课之后说课和评课之后说课两种形式。

（1）上课之后说课

在课前说课的基础上，由于已经有了在课堂上的实践检验，授课者可以结合自己在上课时的感受进行说课。这时的说课重点是怎样进行备课以及在教学过程中如何实施各个教学环节的说课，侧重发生了变化。重点说明施教过程中哪些方面体现了备课意图，采用了哪些教法让学生掌握知识和技能、突破难点、把握重点的。特别针对职业院校学生文化基础知识相对薄弱的情况，在施教中出现的"意外"，自己是怎样应对和调整的，通过分析和检验调整后的教学效果，对授课活动进行客观评价，并进一步提出改进的设想，等等。

（2）评课之后说课

是指授课者说课评课之后或授课评课之后进行的进一步说课。其内容包括以下几点：

①阐述备课的特点和发生的疏漏。

②对授课效果的感受及评价。

③比较授课过程与备课意图的吻合程度，并解释其中调整的原因和起到的作用，分析预期达标度与实际达标度产生差别的原因。

④结合专家们的评课和自己的感受进行必要的说明。

说课的组织者可以要求评课者进一步展开讨论，在此基础上，综合评价施教者和专家的意见，提出值得进一步研究的问题，以提高说课的理论层次和完善教学过程。

（二）从说课性质分类

1. 研究型说课

研究型说课，就是以教师集体在课堂教学工作中遇到的重点、难点和热点问题为核心内容，在经过一段时间的实践及探索的基础上，各自用说课的方式向其他教师、领导和专家汇报其研究成果的教育教学研究活动。研究型说课有助于提高教师课堂教学的研究能力及丰富教研活动的内容，更主要的是，它对"建立以校为本的教研制度，促进教师的专业提升"具有不可低估的作用。能够促使教师由"教书匠"向"研究者"角色转变。

2. 示范型说课

示范型说课，是指教学素质优秀的教师，如学科带头人、教学能手或特级教师等，在将讲课的内容付之课堂教学之前，先向包括教研人员在内的听课教师做示范性的说课，然后组织听课教师和教研人员对该教师的说课及课堂教学效果做出客观、公正的评价。通过示范性说课，听课教师从听说课、看上课、讲评析中增长见识，开阔思路，并不断地提高自己运用理论指导课堂教学实践的能力。示范型说课不仅是培养教学骨干的有效方式和重要途径，而且能够促进听课的年轻教师、准教师们快速成长。

3. 评比型说课

评比型说课，是把说课活动作为教师教学评比的一个内容或项目，对教师运用教育教学理论的能力、理解新课程标准以及针对学生现状对教材进行"二次开发"的能力水平、教学流程设计的科学性和合理性等方面做出客观、公正评判的一种教研活动方式。评比型说课要求参赛教师按指定的教材和课题，在规定时间内写出说课稿件，然后进行说课，最后由听课的评委根据说课表现评出比赛名次。评比型说课有时除了说课外，还要求将说课内容在课堂实践。因此，它既是发现教坛新秀的一种评比方法，也是促进教师专业发展与提升的一个有效途径。

新教师在应聘时的说课，其本质上是一种评比型说课，而且因为新教师大多没上过这种课，所以也属于课前说课，只是其说课的目的在于表现说课者的教学素质或者供聘用者评判选择。

4. 专题型说课

专题型说课通常是为了突破教材某一困难的内容，以研究某一项专题为目的进行的说课。专题型说课的灵活性大，所谓大就在于它可以不像上课那样固定教学内容，固定教学时间，固定教学对象；说课可以根据需要灵活选择教学内容，安排教学时间，邀请同行和专家作为听课对象。专题型说课是在众多教学内容中选取专题进行单项研究。这样可以帮助教师克服教材中遇到的困惑与问题，也可以把问题研究得更深入。

5. 汇报型说课

汇报型说课是教师向前来听课的各级领导和同行进行说课的实际操作，并能体现出说课教师的状况与水平，以求得其帮助和指导。

四、体育说课的作用

说课的观点源于上课，为上课服务，通过上课检验整体设计的适应性、可行性和科学性。说课教师按照课堂的教学设想、设计思路及理论依据，利用几分钟或十几分钟的时间进行简明扼要的讲解、分析，把自己的教学特点加以阐述，使之得到完善和发展，逐渐形成自己的教学风格，以达到相互交流、相互学习、集思广益、完善教学过程，共同提高教学质量的目的。体育说课的具体作用表现为以下几点：

（一）提高体育教师把握新课标的能力

熟悉新课程标准制定教学内容，厘清本节课的知识结构以及技能要求，弄清教学内容在教材中的地位、编写意图，以便更好地制定教学目标，促进课堂教学的组织性、有序性和合理性。

（二）提高体育教师教育、科研的能力

在说课中我们会碰到很多关于教育教学科研的问题，比如，应该选择怎样的教法，给学生怎样的教学指导，采取怎样的教学组织手段，在教学中应如何关注学生的心理、生理变化等。这就促使体育教师去钻研教育教学理论，去积极查阅资料，主动运用教学理论指导实践教学，来切实提高教育教学质量。同时，在说课中，通过专家或同行的评价、评述、评论，来达到共同交流、共同提高的目的。

（三）提高体育教师直观教学能力

直观教学是指利用教具作为感官传递物，通过一定的方式、方法向学生展示，达到提高学习效率的一种教学方式。在体育实践教学中，教师必须熟练运用示范直观法，以准确的示范性动作来激发学生学练的兴趣，快速建立动作的概念和表象。说课是提高教师直观教学能力的有效途径，在说课中，教师必须把教学内容中动作示范过程阐述清楚，包括教师示范面、动作的重点、难点，以及学生观察位置、学练的组织队形等。

（四）提高体育教师运用现代教育技术能力

现代教育技术的熟练使用是保证和提高说课质量的重要条件，许多体育教师能熟练地操作多媒体计算机、幻灯机、投影仪等设备，并且自己制作说课课件。利用多媒体教室说课，将说课和现代媒体教学结合起来，这样既锻炼了说课水平，又有利于提高体育教师运用现代教育技术的能力。

（五）提高体育教师教学应变能力

在说课中对教学效果的预测和教学内容的把握，提高了体育教师的应变能力，同时，说课是对教学环节的丰富，还突出了说课的重要作用，使教师对上好一堂体育课有了充分的心理准备。

（六）提高体育教师语言表达能力

语言表达能力是体育教师最重要的基本功之一，它包括了情绪表达、文字表达和肢体动作语言表达。有的体育教师说课稿准备得很充分，但是说课效果并不理想，其根本原因就在于语言表达能力不足。在短时间内，说出一节课的教学安排，对说课教师确实是一种考验。要想做到在说课中语言清晰、节奏鲜明、富有逻辑性，语言形象、生动、重点突出、表情自然、感染力强，教师在说课前必须积极、主动地练习，以求取得好的说课效果。

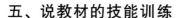

五、说教材的技能训练

在说课中，用到的教材具体来说就是指对教材中内容的分析，也即教师说出对一节课教学内容的分析。教师在说课活动中，首先要说明自己对教材内容的理解，一位教师只有对教材内容理解透彻，才能制订出好的教学方案。

（一）说教材的主要内容

说课中的说教材，就其内容而言，主要包括以下几个方面：

1. 分析教材中教学内容的地位和作用

即分析这段教材（教学内容）在全套教材中的地位和作用及其对后续学习的影响，这段教材对学生运动参与态度和促进身心健康等方面有很大的作用。

2. 分析教学内容的结构和特征

主要是分析某段教材与前后教材知识结构的关系，厘清来龙去脉，把握思想主题。

3. 分析教材所涉及的技能和能力

一方面，要分析这段教材涉及哪些技能；另一方面，要分析通过这段教材的教学，去发展学生的哪些运动技能和提高哪些能力。

4. 分析教材的重点、难点

此外，教学还可以根据教育理论水平的情况，增添一些个人思维观点。例如，对教材内容的重新整合以及对教材处理的新设计思路等。

（二）分析教材的步骤

对教材进行分析和处理，涉及教学流程的众多方面，是教学成败的关键，同时，也是教学设计的基础。掌握对教材的分析和处理技能，是一项富有研究性的行为。

1. 阅读教材

在对教材进行分析与处理之时，教师的首要工作是精通教材，而精通教材就必须阅读教材以及与教材有关的书刊。阅读教材的工作可以分为通读、精读和多读三个层次。

（1）通读

通读是指任课教师把整个学段的教材通读一遍，不论哪个年级的任课教师都应这样做。通读的目的是对整套教材内容有一个全面而系统的了解，从而做到领会教材的结构和内容，理解教材编者的意图，把握教材的内在联系。作为一名体育教师，如果不了解各年级教材的内容，在教学中将会出现前后脱节或时紧时松的现象，以至于无法科学合理地安排教学进度，难以有计划地完成教学任务。

（2）精读

精读是指对将要在教学中使用的教材进行细心阅读，大到教材的系统脉络，小到一个概念都要认真领会、仔细推敲。精读的目的是吃透教材，要求教学者对教材内容不仅知其梗概，而且要掌握内涵。教师理解教材越深、越透，处理教材时才能越得心应手。在精读中，不仅要读教材，而且还要读学生。这要求根据教师在平时的教学中，对学生的实际情况有具体的了解，才能够在读教材时进行换位思考，即教师从学生的立场上去思考，哪些学生可能会产生什么样的反应，哪些学生又会表现出什么样的思维倾向和特点，并尽可能地体现到实际教学情景中去。精读的另一层含义是对教材的再认识、再理解。要用批判性的眼光去审视教材，根据教材的具体内容从认识论的高度进行再认识、再解剖、再理解，从而分析和整合教材做好前期的准备工作。

（3）多读

多读就是多读参考书，范围要尽可能广一些，思考要尽可能深一些，这是一个长期而又艰巨的"备课"过程。通过多读，教师可以驾驭教材内容而丰富自己的知识，提高自己的教学能力。多读不仅仅要有深度，还要有广度，体育教师不仅要读本学科方面的书，还应该读些教育学、心理学等有关学科和相关教育理论方面的书籍。此外，还应该多读些教育报刊上有关教材分析和教学经验的文章，这对于掌握和运用教材很有帮助。在多读的过程中，可以摘录相关知识、分类储存，以便日后查阅，作为分析教材时的参考和借鉴，这是十分有帮助的。

2. 分析教材内涵

作为一名教师，对教材内容不仅要知其然，还要知其所以然，要理解透彻，并融会贯通，将其内化为自己的知识，真正做到"使其言皆若出于吾之口""使其意皆出于吾之心"。只有对教材理解深刻，才能挖掘出教材的精髓。

分析教材的角度主要包括以下几个方面。

（1）编者的角度

体育教材是编者根据教学的整体目标和要求、学生的认知以及身心发展规律和体育教学规律而精心编写的。从编者的角度分析教材，能够了解教材的编排体系，更好地理解编写意图，做到全方位地把握教材。

（2）学生的角度

学生是受教育的客体对象，而教材既是教本又是学本。教师应设身处地地站在学生的角度分析教材，了解哪些地方使学生感兴趣，哪些地方难以掌握，哪些背景不了解，做到准确地把握教材的兴趣点、背景介绍点和疑难点，从而增加课堂教学中的针对性。

（3）教师的角度

教师是教学中的组织者和引导者，要做到以下两方面的统一：

①编者与学者的统一

有的时候，编者的编写要求与学生的学习愿望不统一，这就需要教师协调二者之间的关系，在围绕编者意图的基础上，充分考虑到学生的学习特点，以便对教材进行合理取舍。

②编者与教师的统一

教师必须根据编者的意图确定教学目标，编者的意图需要靠教师在教学中体现出来，设计教学程序，力求最充分地发挥教材的教育功能。

六、说教学目标的技能训练

（一）教学目标的含义

教学目标是指在教学活动中，教学主体预先确定的、在具体教学活动中希望达到的、可以利用现有技术手段预测教学结果。它具体表现为对学生学习成果和行为的具体描述，或对学生在教学活动结束时，其所取得的知识和技能等方面的变化的说明。

体育教学目标是体育教学活动的主体在具体教学活动中所要达到的结果或标准，是教和学双方都应共同遵循的。对教师来说，这是教授的目标，对学生来说，则是学习的目标。理想的教学目标应该是教育目标与学习目标的统一体。由于体育教学目标是在具体的教学活动中所要达到的结果，这也就意味着，不同的教学活动，其教学目标是有差异的。可以说，体育教学目标是一个系统，是由大小不同，但相互之间具有递进关系的一系列教学目标组合而成的。它包括了教学总目标、课程教学目标、单元教学目标、课时教学目标等几个层次，每个下属目标都是其上位目标的具体化表现。

（二）教学目标的作用

1. 教学目标的导教作用

教学目标一旦制定完成，教学设计者就可以根据教学目标选用适当的方法来教学。比如，在运动技能的泛化阶段与提高阶段，教师的教授方法应当有所区别：在运动技能的泛化阶段，教师一般采用讲解法和示范法；而在运动技能的提高阶段，则多采用对比法和纠正错误法。因为在运动技能的泛化阶段与提高阶段的教学目标并不相同，因此，采用的教学方法也会有所差异。

2. 教学目标的导学作用

学生的学习活动都要围绕既定的目标来展开，在教学的开始阶段，教师应将学习的目标清楚明确地告诉学生，以引起学生的注意，使他们对学习目标有个明确的定位，做到将注意力集中到目标上。目标导向的教学测评也可给学生提供如何学习的信息。教师应当根据学生的年龄，灵活地采用不同的方式、方法向学生呈现教学目标。例如，在学生学习了某项内容时，教师应告诉学生学会哪个技能，其中的哪些知识技能可以在生活中运用。同时，在学完后，告诉学生一定要检查，这样可以促使学生养成按时完成学习任务的习惯，提高学习的主动性和自觉性。

3. 教学目标的导评作用

教学评价的标准有很多，不同的评价标准将会导致不同的教学效果。但是，即便在现代教学评价标准日益多元化的今天，大多数专家、学者和一线教师仍然认同把教学结果作为评价教学好坏的重要依据之一，即教学目标是教学评价的核心内容。因此，在平时的教学评价中，也必须把教学评价的重心放在教学结果上。一线教师在进行一节课教学或者结束一个单元的教学后，需要制定评价教学效果的指标，指标内容的选择应与教学目标相一致。如果该指标的内容没有效果，那么其评价对于该节课或者该单元的学习结果也就是不可信的。

(三) 教学目标的设计步骤

1. 分析教学对象

分析教学对象主要分析学生的现状与教学目标之间的差距，以便确定体育教学中实际存在的问题。

2. 分析教学内容

分析教学内容是为了确定教学内容的范围和深度，以便弄清体育教学内容中各项知识及其相互之间的关系。主要包含以下三个方面：

（1）体育教学任务分析。

（2）体育教学任务分类。

（3）体育教学内容评价。

3. 编制教学目标

体育教学目标编写的要求：全面、具体、准确、灵活、明确、可操作、可接受、具有层次化等。

体育教学目标具体表述方法是 ABCD 法。即行为主体、行为动词、情境或条件和表现程度等。

（1）行为主体

行为主体就是学生，主体一般省略不写。如：（学生）能说出引体向上的动作要领。

（2）行为动词

①具体行为描述，可分为模糊和明确动词，模糊动词包括：知道、喜欢、相信等。

②明确动词包括：描述、做出、比较、示范、接受、服从、拒绝等。

（3）行为情境或条件

①环境因素。如在沙坑中完成纵跳。

②作业条件因素。如在同学的帮助下跳过山羊；提供信息或提示。如借助人体解剖图说出……完成行为的情境。

（4）表现程度

表现程度是学生对目标所达到的最低表现水准。

①完成行为的时间限制，如 10 分钟内跑完……米；准确性，如篮球投球 85％投中。

②完成成功的特征，如"引体向上一组，至少完成 10 次……"。

七、说教学策略的技能训练

教学策略是为了完成一个单元或一个课时的教学任务与教学目标，教师与学生在教与学的过程中所采用的手段。它既包括教师教的策略，也包括在教师指导下学生学的策略，是教的方法与学的方法的整合与统一。它是说课过程中重要的组成部分之一，直接关系到说课目标的实现、任务的完成。因此，说课要说"实"教学方法，其根本目的是激发学生的兴趣、发展学生的能力，进而促进学生的学习。

教学策略是解决"如何教""怎样教""怎样学"的教学方案，说教学策略主要包括以下内容：

（一）说课型

说明根据教学计划安排，本次课程的教学内容属于新授课还是复习课。

（二）说教学模式

说出教学过程的设计模式，即开始部分——主体部分——结束部分的内容安排，使课堂的结构完整。

（三）说教法

教法，就是教师所采用的教学方法。即"怎么教"和"为什么这样教"，具体如下所示：

1. 本节课所采用的最基本或最主要的教法及所依据的教学原理或原则。

2. 本节课所选择的教学方法和教学手段，以及对它们的优化组合及其依据。

3. 教师的教法与学生应采取的练法之间的联系，以及要对学生采取什么样的练习方法的指导。

4. 采取什么样的教学方法来解决教学过程中的重点和难点，怎样有机地衔接好各个具体的教学环节，做到突出重点、突破难点。

5. 培养学生哪些能力，如何充分体现主导与主体、知识与能力的有机结合，如何激发学生的学习兴趣和学习的积极性，以及如何更好地实现教学目标。

（四）说教学组织

在说明教材展开的逻辑顺序、主要环节、过渡衔接及时间安排的基础上，还应讲清楚如何为实现教学目标以及针对课型特点及教学法要求组织教学，在不同教学阶段教与学、讲与练是怎样协调统一的。

（五）说练法

练法就是学生的练习方法。要求教师必须了解情况，具体要说清以下三个问题：

1. 针对本节教材特点及教学目标，学生应采用怎样的练习方法以便于实现教学目标，这种练习方法有何特点，如何在课堂上操作，它是怎样影响教师的教法的。

2. 在本次课中，教师要对学生做怎样的练法指导，怎样帮助学生在练习过程中达到会学，怎样在教学过程中恰到好处地进行练法指导。

3. 如何合理安排课程的练习强度与练习负荷。

八、体育说课的方法训练

（一）说课前准备

体育说课质量的高低，除了教师本人的素质外，准备工作也至关重要。准备得充分与否，决定着说课质量的高低。说课的准备工作可以分为学、析、写、演、调五个步骤。

1. 学

"学"就是学习课程标准和教材，明确课程标准对教学内容和教学目标的基本要求，以便确定重点、难点；学习必要的教育教学基础理论，做好理论准备。

2. 析

"析"就是分析学情，确定教学中的基本思路，明确教法和学法。

3. 写

"写"就是按照说课的原则和要求，来撰写说课稿。说课稿的质量好坏，是说课能否取得成功的前提，也是教师提高业务素质的有效途径，同时，也有利于教师养成严谨治学的工作作风。

4. 演

"演"就是在说课前的试讲，通过试讲，可以及时发现问题并进行完善。在说课前要准备好说课需要的物品，包括挂图、黑板、幻灯片、录音录像等，在说课时根据需要做必要的介绍和演示。

5. 调

"调"就是积极调整心理状态，保持自信心。

（二）说课稿的撰写

1. 说课稿的内容

说课稿反映了教师实施课堂教学前必须经历的思维过程，其主要包括以下几个模块：

（1）教材分析：包括教材的课程标准；教材在整个教材体系中的地位和作用，教材的前后联系等；本节教材的主要知识体系与主要内容；教材的重难点分析与缘由等。

（2）教学目标：主要是教学目的、要求、分析与说明，包括认知目标、运动技能目标、情感目标和社会适应等。

（3）教学策略：包括教法和学法的使用与分析。

（4）教学资源的开发和利用：教学场地、器材的选择和利用，以及自制的器材等。

（5）教学效果评估：学生通过学习在知识、技能、生理负荷和心理等方面产生的变化。

2. 撰写说课稿的要点

在撰写说课稿时，要遵循以下几个原则：

（1）理论性要突出。

（2）内容简明扼要。

（3）突出个人特色。

（4）分析细致、深入。

（三）语言表达

1. 说课语言的表达方式

（1）说明式语言：指那些对事物进行解说、剖明事理的语言。

（2）叙述式语言：说课者在教学中将说课的部分内容向听课者做客观的陈说或介绍的语言。使听课者能够获得脉络清楚、系统完整的相关信息。可以分为纵式叙述和横式叙述。

2. 教师说课语言行为艺术的要求

（1）声音洪亮清晰

教师声音洪亮是为了提高听课者的注意力。然而，洪亮清晰并不是要大声"叫"。大声叫嚷会使听课者烦躁，影响听课者对说课教师的印象。

（2）避免语病

教师在说课中的语病主要包括口语语病、发音错误语病及语法毛病。

（3）用语文雅流畅

说话不只是用语言符号来交流，教师的语气、音量、眉目神情都能表达出不同的感情色彩。教师用语的文词流畅，也可以提高说课的质量。

（四）体态语表达

1. 体态语言的内涵和类型

体态语言是指教师通过身体动作来传递信息、表达情感及交流思想的综合表现，包括面部表情、手势、姿态、眼神等。有着如同口头语言一样的社交功能，因此，被称为一种语言。

（1）表情语

表情语，是通过表情来表达情感和传递信息的一种体态语言。表情语能够表达复杂的情感，有着极强的表现力。

（2）手势语

手势语，是运用上肢传递信息的一种体态语言。同表情语一样，手势语也是一种表现力很强的体态语言。可以表示强调欢乐、愤怒、激情等。手势语的运用范围很广，使用频率也比较高。

（3）姿态语

姿态语，是通过人体的姿态来传递信息的一种体态语言。教师应当在教学活动中充分发挥姿态语的应有作用。运用自己的姿态语去影响学生；调节学生情绪，来配合讲课以活跃课堂气氛，同时，用无声的行动示意他们好好学习。

2. 体态语表达的要求

（1）表达适度

所谓适度，就是说教学体态语言的运用要从实际出发，要少而精，遵循宁缺毋滥的原则。只有少而精，富有启发性，才能起到画龙点睛的作用，才能收到含蓄隽永的效果。

（2）自然得体

教学体态语言的运用是基于课堂教学中传递或表达内心情感的需要，它应是情之所至，不由自主，清水芙蓉，天然落成。在说课时教师的表情应以微笑为主，避免紧张、严肃。并辅助以适当的手势，使听课人易于理解和接受。

（3）和谐统一

说课体态语言运用的和谐与统一，主要体现在以下两个方面：

①体态语言与说课语言的统一

无论是在表达的内容、时间还是方法上，体态语言都应和说课语言保持一致。任何的滞后、错位或越位，都无法收到既定的效果。

②各种体态语言之间要求一致而协调

体态语言应当流畅、自然，从而刺激听课人的视觉接受系统。但是如果这种刺激是生硬的，则会适得其反，会影响听课人有效地接收信息。简而言之，说课体态语言的运用一定要自然，不可生搬硬套。要使体态语言起到锦上添花的作用，而非画蛇添足。要创造出自然、朴实、完美的教师形象，来凸显出说课的艺术之美。

九、体育说课的技巧训练

（一）文本选择技巧

说课者面对的群体有很多，包括同行、领导和专家，针对不同的听众，体育教师在选择文本时的侧重点就应有所改变。在涉及如何帮助学生"获取知识，发展智力，提高素质，培养能力"方面，针对不同的听对象，说课内容也应做出适当的调整。

1. 说给专家听

要说清教学目标和目标确定的依据，要注重理论和实际的联系，对教材的处理要有所创新，以适应时代的需要为宗旨，重点突出一个"新"字。

2. 说给同行听

要说清教学程序设计的依据，联系教材和学生状态，说明怎样教、怎样启发学生获取新知识，怎样体现"自主、合作、探究"的新型学习方式。适当地选取一些新教学法，同时一节课内不应采用多种方法，避免繁杂，导致学生无所适从。向同行说课，必须说清"门道"，即"怎样教"，核心是"务实"。

（二）语言技巧

说课语言务求清晰流畅，要突出"说"字，同时尽可能实现脱稿。要抑扬顿挫、富有感情，切忌从始至终用一个腔调地念稿或背讲稿；声音洪亮，使在场的每个人都听得清清楚楚；速度要适当，每分钟讲原稿的 120 字到 150 字，同时，言语中要避免"嗯""啊"之类的停顿词的出现。

（三）服饰技巧

由于职业需要，体育教师一年四季都身着运动服装，然而，说课与上课不同，教师可以根据说课的环境，适当改变自己的服饰搭配，给人以清新、愉悦的感觉。如果在说课时，体育教师仍然穿着老旧的运动服装，难免会给人一种懒散、懈怠、不够重视的印象。因此，在轻松的场合不妨穿着稍具个性的休闲服装。如果是在正式的比赛场合，深色职业装则比较合适。

（四）心理准备技巧

1. 放松自己：做一些准备活动放松紧张的神经。
2. 意识到在场的人们希望你成功：听众希望你的讲话趣味盎然、催人向上。
3. 将紧张转化为动力：控制紧张情绪并把它转变成说课的活力和热情。
4. 积累经验：经验会给人带来自信，而自信是说课取得成效的关键。因此，体育教师要多参加说课活动，不断地锻炼自己、丰富经验。

（五）临场前技巧

1. 熟悉场地

提前熟悉说课环境，提早到达并巡视讲台和教师，练习使用麦克风及其他辅助教学设施。

2. 熟悉听众

在听众进入会场时向他们微笑致意。向一群态度友好的人说课必然会比对一群陌生人来得更加轻松。

3. 熟悉讲稿

如果不熟悉讲稿或者对其不满意，说课者的紧张感就会增强。因此，在临场前，应试着演练说课稿，并根据实际需要做必要的增删。

总之，说课既是一门艺术，也是一门技术。在说课过程中，必须做到有的放矢，遵循科学性、逻辑性和生动性。通过说课，说课者的教学艺术会有所提高，而听者也会从中获得启发，这样的说课才能达到预期的理想效果。

第五节　教学媒体设计选用技能

一、教学媒体设计选用技能的含义

媒体是从信息源到受信者之间承载、加工、传递信息的载体、介质或工具。包括承载信息所使用的符号系统，储存、加工、传递信息的实体。当某一媒体被用于教学目的时，则被称为教学媒体。教学媒体是教学内容的载体，是教学内容的表现形式，是师生之间传递信息的工具，如实物、口头语言、图表、图像及动画等。教学中的媒体往往要通过一定的物质手段而实现，如书本、板书、投影仪、录像，以及计算机等直接介入教学活动过程中，以采集、传递、存储和加工教学信息为最终目的的媒体。而对教学媒体的设计选用要依据教学目标、教学内容、教学条件及学习者的特征，体现出教学媒体与教学内容的统一性、与教学方法的协调性、与认知水平的相容性等原则和特点，以主要用于教学信息从信息源到学习者之间的传递和再现教育信息。随着现代信息技术和媒体技术的发展，教学媒体越来越多，而且标准也有不同，根据教学媒体发展历程和教学组织形式的需要，可将教学媒体分为传统的教学媒体和现代的教学媒体。

体育教学媒体是用于传递和储存以体育教学为目的的信息，是连接体育教师与学生双方的中介物，是用来传递和获取体育教学信息为目的的工具，主要包括挂图、模型、录音、投影、幻灯、电视、计算机等设备及载体。

随着科学技术的发展，体育教学媒体越来越多，新型的教学媒体和传统的教学媒体功能不断被开发出来，但根据体育教学媒体作用的感官通道一般分为体育教学的视觉媒体、体育教学的听觉媒体、体育教学的视听媒体、体育教学的综合媒体等四种形式。

体育教学的视觉媒体，是指需要眼睛看的媒体，学生通过观察进行学习，如黑板、体育教材、图片、幻灯片、投影仪等。

体育教学的听觉媒体，是指需要耳朵听的媒体，学生通过听觉获得相应的信息来进行学习，如录音机、收音机、唱片等。

体育教学的视听媒体，是指需要眼、耳并用的媒体，如电影、电视、录像机、视盘等。

体育教学的综合媒体，是指用多种感官和多种信息流向的媒体，如幻灯—录音机组合系统、多媒体课件等。

在体育教学过程中，设计选用体育教学媒体时必须要符合教学规律，符合认识学习规律，以及符合教学实际，才能充分利用这些教学媒体实现立体模拟、平面模拟、语言声音重现、静态实景重现、呈现动态过程以及促进教学双方进行交互作用，控制直接的教学环境．给学生体育知识与技能学习提供不同的信息刺激源，以保持学生神经系统的兴奋性，克服传统教学容易出现的厌学情绪，并能在轻松活泼的氛围中拓宽学生的视野，培养学生的智力，促进学生的个性发展，还能将抽象的、难以理解的或是不容易观察到的体育知识与技能借助多媒体手段充分具体地显示出来，以调动学生的视听觉直观功能，为突破技术难关创造出良好的学习氛围与情境，有效弥补了传统教学的不足，有助于提高体育课堂教学质量和课堂教学活动效率。

二、教学媒体设计选用技能的特点

（一）视觉媒体的特点

体育教学视觉媒体主要包括印刷媒体和电子视觉媒体（幻灯、投影等）。印刷媒体具有可以大量复制、反复阅读、造价低、携带方便、容易保存等特点；而电子视觉媒体则具有能使学生观察静止状态下扩大了的动作图像，能将某些动作放大显示，可将系列动作根据需要排列成不同序列显示，放映时间不受限制等特点。

（二）听觉媒体的特点

体育教学听觉媒体具有录音可长时间保存，可根据需要反复播放，信息传播迅速，声音可放大，不受时空限制等特点。

（三）视听媒体的特点

体育教学视听觉媒体具有能同时给学生以视觉和听觉两方面的信息，能以活动图像逼真系统地呈现运动动作过程，能调节动作所包含的时间要素，可将缓慢与快速动作都能清楚地表现出来，能将动作放大或缩小等特点。

（四）综合媒体的特点

体育教学综合媒体具有能提供视觉、听觉刺激，还要求学生的部分器官始终能接触到媒体，并能根据需要不断做出反馈性操作；能在短时间内放出大量信息，提高教学效率；能从不同距离、不同角度显示动作；能表现运动动作的全景或远景等特点。

三、教学媒体设计选用技能的功能

（一）展示事实

体育教学媒体提供有关体育知识与技术技能的形态、结构，或者是史料、文献等客观真实的事实，使得学生获得真实的事实性材料，便于观察、识记与掌握。

（二）创设情境

根据体育学习内容，借助体育教学媒体真实地再现或模拟有关体育知识与技术技能方面的教学、训练或比赛等情景或画面，使学生通过对体育教学媒体提供的资料观察、感知并形成表象，以便于作为归纳、概括体育知识与技术技能，建立学习经验，形成概念或作为验证或进行练习的实例。

（三）提供示范

体育教学媒体提供一系列标准的行为模式（如语言、动作、操作行为），学生则将通过模仿和练习来进行体育知识与技术技能的学习。

（四）实现过程和解释原理

体育教学媒体提供典型体育知识与技术技能形态、结构、方法、过程、情境等完整状况，并借助语言的描述，帮助学生对典型体育知识与技术技能的特性、状况和发展的原因和规律等做全面的了解。

（五）设疑思辨，解决问题

教师借助体育教学媒体为学生创造良好的思维环境，诱导学生积极参与、主动探索、积极思考，引起学生的思维共鸣，勇于创新、发现问题和解决学习中的一系列问题，强化学生思维的目的性、深刻性和创造性。

四、教学媒体设计选用技能的构成要素

（一）教学媒体的传递范围

教学媒体的传递范围是指教学媒体把信息同时传递到学生的范围。

（二）教学媒体的表现力

教学媒体的表现力是指教学媒体表现事物的空间、时间和运动特征的能力。

（三）教学媒体的重现力

教学媒体的重现力是指教学媒体不受时间、空间限制，把储存信息内容重新再现的能力。

（四）教学媒体的参与性

教学媒体的参与性是指教学媒体在发挥作用时学生参与活动的机会。

（五）教学媒体的受控性

教学媒体的受控性是指教学媒体接受使用者操纵的难易程度。

五、教学媒体设计选用技能的依据

（一）依据教学目标

不同的体育教学目标需要采用不同的教学媒体传递课程内容。当体育教学目标为记忆某一体育知识与技术时，教师可以通过分析讲解，辅以板书、挂图、投影等，使学生能够形成清晰的体育知识与技术结构，便于对体育知识与技术的记忆、迁移和运用；当体育教学目标为培养某种体育情感时，教师可以播放录像、录音等，使学生感受某些特定的社会现象，激发他们的好奇心，引起他们的情感共鸣。

（二）依据教学内容

当体育教学目标被确定后，教师就需要仔细分析教学内容，进一步设计选用教学媒体，以增强教学内容的表现力。对理论性强、抽象程度高、学生不易理解的体育知识与技术，教师一般可设计选用教学媒体"再现"技术动作或活动发生的现场和过程，模拟学生用眼睛无法直接观察到的技术细节，将深奥的原理及概念转换成为简单而具体的形象等。其次，对于内容枯燥、讲授效果不佳、学生容易感到厌倦的教学内容，教师可选用教学媒体转换教学内容的表现方式、丰富教学内容的表现形式，从多种感官出发刺激学生的大脑，保持学生对教学内容的长时注意，调动学生的学习积极性。最后，对于形象生动、动作性强的教学内容，教师可选用教学媒体演示教学内容所描述的场景，增加学生对教学内容的感性认识。

（三）依据媒体特性

各种媒体都具有各自不同的特点，也都有各自的适用性和局限性，是选择视觉媒体还是听觉媒体，是选择视听媒体还是实物媒体，是选择传统媒体还是交互计算机媒体等，要根据媒体的功能特性来决定，而能否设计选择一种适宜可行的教学媒体还受媒体自身特点及其使用时的一些因素制约，如媒体资源、媒体功能、操作情况、组合效果、使用环境等。

（四）依据教学对象

不同的学生，尤其是不同年龄阶段的学生对于事物的认知能力有很大差异，体育教师在选用教学媒体时必须要考虑学生的认知能力。对形象思维能力强的学生，教师可设计选用教学媒体为学生提供形象生动、颜色鲜艳、变化丰富的体育教学内

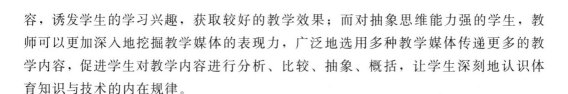

容，诱发学生的学习兴趣，获取较好的教学效果；而对抽象思维能力强的学生，教师可以更加深入地挖掘教学媒体的表现力，广泛地选用多种教学媒体传递更多的教学内容，促进学生对教学内容进行分析、比较、抽象、概括，让学生深刻地认识体育知识与技术的内在规律。

（五）依据教学条件

在选定教学媒体之后，体育教师要考虑学校是否有相应的媒体设备，这些媒体设备是否能够正常运行，是否有合适的教学软件资源，自己是否能够熟练地操作这些媒体设备等，教学媒体的设计选用受到特定教学条件的限制。虽然目前我国教育信息化的整体水平已经比较高，大多数学校在教学媒体的硬件设施方面达到了较高的水准，但是否有优质的教学软件资源、教师是否具备良好的信息素养等已经成为影响教学媒体选用的重要因素。

六、教学媒体设计选用技能的原则

（一）实用性原则

体育教学本身就具有一定的特殊性，这要求在设计选用体育教学媒体时，首先要从体育教学内容出发，根据体育教学内容本身的直观性和抽象性来设计选用教学媒体。例如，学习跨栏跑的动作过程，采用录像会收到良好的教学效果，而学习健美操则采用图解会效果更好。此外，还要从体育教学对象的实际出发，根据学生的年龄、认知水平和需要来设计选用不同的教学媒体，以有助于激发学生的兴趣，有效实现课堂教学目标。

（二）效益性原则

在设计选用体育教学媒体时，既要考虑课堂教学效益，又要考虑经济效益，既要达到最佳的体育课堂教学效果，又要易于获得且使用成本较低的教学媒体。

（三）优化组合性原则

在设计选用体育教学媒体时，不是说使用教学媒体的种类越多越好，也不是教学媒体越先进越好，而关键在于根据教学内容的特点，选择最佳的教学媒体加以优化组合，以发挥各种教学媒体的优势，让学生多种感官参与学习活动，使课堂结构优化、认知结构优化和教学效果优化，提高学习效率和学习效果。

（四）操作性原则

在设计选用体育教学媒体时，要考虑体育教师对该教学媒体的利用能力，尽量使用教师易于操作、使用方便的教学媒体设备来辅助课堂教学。

七、教学媒体设计选用程序

设计选择何种体育教学媒体，与体育课堂教学内容、教学目标、教学形式、教学方法、教学媒体使用因素、经济因素等密切相关。在设计选择体育教学媒体时，可分四步来设计选择体育教学媒体。

1. 确定必须由媒体表现的内容；

2. 甄别可供媒体选择的类型；

3. 选定高效低耗媒体；

4. 设计媒体出示的时机、方法、步骤和次数。

第七章 体育课堂的运动教学技能训练

第一节 微课技能

一、微课的概念

"课程"是指学校学生对应学习的学科总和及其进程与安排。广义的课程是指学校为实现培养目标而选择的教育内容及其进程的总和，它包括学校老师所教授的各门学科和有目的、有计划的教育活动。狭义的课程是指某一门学科。课程实际上包含了"学程"和"教程"两个方面。而"课"是指教学上的一个阶段，或课程中的一个具体的内容，可以简单理解为课程的组成单元。

微课程是相对于常规的课程而略有短小，比如，实习课程、体育技能训练课程、暑期实践课程等。这些微课程也需要有教学大纲、教学计划、教学过程等，是一个相对缩微版的课程。而微课则是基于"微学习"而建设的"微内容"。因此，"微课"是指以视频为主要载体记录教师围绕某个教学内容或教学环节开展的简短、完整的教学活动，用于帮助其他教师改进课堂教学、促进专业发展。核心资源是"微视频"，同时可包含与该教学视频内容相关的"微课件""微习题"等辅助性教学内容。在教育教学中，微课所讲授的内容呈"点"状、碎片化，这些知识点可以是教材解读、题型精讲、考点归纳，也可以是方法传授、教学经验等技能方面的知识讲解和展示。微课是课堂教学的有效补充形式，微课不仅适合于移动学习时代知识的传播，也适合学习者个性化、深度学习的需求。

二、微课教学的形式

微课可以使用手机、数码相机、DV 等摄像设备拍摄和录制，也可以使用录屏软件录制的音频或视频，录屏软件有 Camtasia Studio、Screen2swf、屏幕录像专家等。微课既有教学时间较短、教学内容较少、资源容量较小、精致教学设计、经典示范案例、制作简便实用等特点，又显得意义非凡，效果明显，是一个非常重要的教学资源。微课有积少成多、聚沙成塔的作用，通过不断的微知识、微学习，从而达到促进教学水平提高的目的。

三、微课教学的作用

（一）知识获取的直接性

我们生活在一个知识暴涨的快节奏时代，尽管我们努力学习，仍然赶不上知识增长的速度。我们希望像比利时罗汶大学校园雕塑一样，把知识方便地直接灌进脑子。因此，我们在学习时，希望摒弃冗长的铺垫，挤去虚无啰唆的水分，直接获得知识。

（二）知识获取的需要性

学校的课程，对学习者现在或将来都有着或多或少的帮助，目前，学习者希望利用有限的时间首先学习最需要的知识。

（三）知识获取的便捷性

学生最大的困难就是遇到问题没有人能解答。因此，随时能得到帮助与解惑是学习者最大的快乐，成为微课产生的一个重要原因。

（四）知识获取的有效性

我们希望学习所花的时间和付出的努力能够获得收益和回报，微课正是能在短时间内使学习者获得某方面的知识或技能，形成有效学习。

四、微课教学的特点

微课教学只讲授一两个知识点，没有复杂的课程体系，也没有众多的教学目标与教学对象，看似没有系统性和全面性，许多人称之为"碎片化"。但是微课是针对特定的目标人群、传递特定的知识内容的，一个微课自身仍然需要系统性，一组微课所表达的知识仍然需要全面性。微课的特征有：

（一）主持人讲授性

主持人可以出镜，可以话外音。

（二）流媒体播放性

可以视频、动画等基于网络流媒体播放。

（三）教学时间较短

5～10分钟为宜，最少得1～2分钟，最长不宜超过20分钟。

（四）教学内容较少

突出某个学科知识点或技能点。

（五）资源容量较小

适于基于移动设备的移动学习。

（六）精致教学设计

完全的、精心的信息化教学设计。

（七）经典示范案例

真实的、具体的、典型案例化的教与学情景。

（八）自主学习为主

供学习者自主学习的课程，是一对一的学习。

（九）制作简便实用

多种途径和设备制作，以实用为宗旨。

（十）配套相关材料

微课需要配套相关的练习、资源及评价方法。

五、微课教学制作过程中容易出现的错误

教育部在中小学及高校分别开展了微课大赛，许多地方教育部门、行业协会和学校也组织开展了许多微课建设。目前，微课建设中最主要的问题有以下几个方面：

（一）教学对象不清

有些微课教学对象和教学目标不清楚，如有的既可以给小学生上课，又可以给大学生上课，造成对教学对象不清楚。

（二）教学主题不准

有些微课的名称没有仔细考虑，大多沿用了原来课程的名称，题大内容小，或者题与内容有偏离。

（三）微课理解偏差

有的是说课，有的是演课，有的是示范课，都不失为学生学习的微课。

（四）教学环节不全

有些微课没有教学内容介绍，没有总结，没有互动等必备的教学环节。

（五）技术不够规范

有的采用三分屏录播效果不好，有的摄像机跟踪又延迟太大；有的现场声录制声音效果不好；有的画面抖动或镜头组接不符合规范；等等。

六、微课制作的形式

微课可以采用多种方式进行制作，比较平民化。在条件许可的情况下，可以尽量根据国家精品视频公开课建设的高标准来制作。具体可以分为以下几种形式：

（一）视频

用摄像机拍摄。这是最基本和常用的方法。

（二）PPT

用PPT制作好后，插入解说的配音，或者不用解说用背景音乐，然后转成流媒体播放格式。

（三）FLASH

用FLASH制作动画，也可以加入解说或配音。

（四）三维动画

用二维、三维或其他形式制作，加上配音。

（五）其他软件制作

其他软件制作，转成播放格式即可。

七、微课制作的流程

（一）确定拍摄方案

主讲教师须先确定拍摄内容，并确定具体的拍摄方案。熟悉教学内容和重难点。

（二）视频拍摄

主讲教师正式录制前，须提前熟悉拍摄环境，做好各项拍摄准备。

（三）后期制作

拍摄好后，需要对视频进行剪辑，如需要加背景、音乐等素材需要进行后期技术处理。

（四）修改

后期制作完成后，进行校对和检查后，利用格式工厂按照目标格式进行转换后即可进行教学。

八、微课教学制作的要求

微课教学的制作方法很多，根据教育部教育管理信息中心开展的微课大赛和教育部全国高校教师网络培训中心举办的《全国高校微课教学比赛》提供的一些方法看，通常有摄像机拍摄、数码手机拍摄、录屏软件录制、可汗学院模式、用 IPAD录制、录播教室录制、摄像设备拍摄后编辑、运用 Flash 等专用软件制作等方法。微课强调便捷和实用，能解决问题就是好微课。

（一）微课视频制作要求

1. 微视频的时长

时长为 5～10 分钟，要求图像清晰稳定、构图合理、声音清楚，符合中学生认知特点，能较全面真实地反映教学情境，能充分展示教师良好的教学风貌。视频片头应显示课题、作者和单位，主要教学环节有字幕提示。视频格式以 MP4 为主。

2. 微课件要求

微课件是指在微课教学过程中所用到的多媒体教学课件等，文件格式以 PPT 为主。可以整合到微视频中。视频内容根据具体学科教学内容和教学目标要求，反映主要教学内容。可以是教学内容分析与讲解，操作过程演示与示范等，根据实际需要，视频中可插入动画等媒体形式。

（二）微课教学录制要求

微课教学原创开发一般要经过选题设计、撰写教案、准备教学素材与练习测试、制作课件、教学实施与录制（既可以在课堂进行拍摄，可只拍摄某个知识点的教学活动，也可将整节课全程拍摄后再按知识点活动教学环节进行切片处理；也可以用录屏软件录制自己的教学内容）、视频后期编辑合成等各环节。教师也可下载安装微课录制软件，自行完成微课的制作。微视频的录制方式有以下四种：

1. 数码设备摄录

教师可借助专业摄像机、数码 DV、数码相机、智能手机、电脑摄像头等一切具有视频摄录功能的设备，将自己的教学过程场景记录下来。

2. 录频软件录制

通过安装好屏幕录制软件来制作微课。

3. 智能录播系统制作

充分利用录播教室，实时记录微课教学过程，并能智能切换画面，有效记录整个教学过程的关键信息。

4. 混合录制式

综合运用以上几种方式，通过拍摄、内录、制作、合成等形式微课教学视频。

（三）微课教学视频录制注意要点

1. 拍摄

拍摄场地需要有较好的吸声效果，不能混响太大，如果是在一般的教室中拍摄，可以在四周装上绒布窗帘。拍摄场地的光线应保证充足，布光均匀。为了保证统一的光线效果，最好关闭现场的窗帘，用现场灯光。拍摄时要注意摄像设备的位置、景别、构图和镜头运动等。不论是全景、中景、近景还是特写，都要将主体安排在视觉中心位置。

2. 录音

尽量用领夹式无线专业话筒，它的频段几乎不受外部噪声和其他无线系统的干扰，拾音质量高，能保证声音的高保真。后期还要进行降噪、声道处理等。

3. 编辑

镜头内容要符合视觉习惯和思维规律、镜头类型要符合视频主题和内容需要、视频技术要符合规范要求和表现清楚。镜头的组接要符合组接原则，要合乎认识和思想的逻辑，要遵循镜头调度的轴线规律。景别的过渡要自然、合理，光线、色调的过渡要自然等。

4. PPT

微课视频中的 PPT 处理主要有以下几个方法：

（1）用摄像机拍摄投影屏。这样可以看到教师的讲解和课件的演示过程，但拍摄的 PPT 画面可能闪烁，屏幕可能拍得不清晰。

（2）将投影的 VGA 信号单独录制。这种方式能实时录制课件的动态影像，清晰度高。但是不能展示老师用教鞭或激光笔指点的授课情况，后期修改不太方便。

（3）后期制作时在视频中插入全屏多媒体课件。这种方式清晰度高，制作精良，修改方便，但制作周期较长。

（4）在后期利用编辑软件制作。这样效果最好，但制作最为复杂，需要较长的编辑制作时间，只适用于简单字幕和图片的 PPT，不适合动态的多媒体课件。

5. 字幕

屏幕文字主要包括片头字幕、片尾字幕、唱词和字幕条。片头字幕主要是给出视频课程的标题、主讲人等信息。片头字幕一般用静态的文字，也可适当加入动画。片头字幕呈现时间要足够长使观众能看清楚，一般需要 6～10 秒，文字的大小要合适。片尾字幕是给出版权单位、制作单位、录制时间等信息。唱词指教师讲课与学生说话的内容。唱词要注意规范性，字体和字形的选择要稳重，可以选择黑体等常规字体。文字的颜色要与视频的主色调和谐并且能够看得清楚、明显。唱词出现的时间要略早于说话时间，消失时间略晚于说话结束时间。字幕条主要起到说明的作用，包括学校名称、教师信息、图表标注等。可以竖排或横排，在字体、字形的设计上可以带有一定的艺术色彩和表现力。

九、微课的分类

微课有许多类型，比如讲授类、问答类、启发类、讨论类、演示类、实验类、练习类、表演类、自主学习类、合作学习类、探究学习类，等等。目前，大多数微课还是以讲授类为主，其次是实验类。

（一）按照课堂教学方法来分类

根据李秉德教授对我国中小学教学活动中常用的教学方法的分类总结，同时，也为方便一线教师对微课分类的理解和实践开发的可操作性，微课划分为 11 类，分别为讲授类、问答类、启发类、讨论类、演示类、练习类、实验类、表演类、自主学习类、合作学习类、探究学习类。值得注意的是，一节微课作品一般只对应于某一种微课类型，但也可以同时属于两种或两种以上的微课类型的组合（如提问讲授类、合作探究类等），其分类不是唯一的，应该保留一定的开放性。同时，由于现代教育教学理论的不断发展，教学方法和手段的不断创新，微课类型也不是一成不变的，需要教师在教学实践中不断发展和完善。

（二）按课堂教学主要环节（进程）来分类

微课类型可分为课前复习类、新课导入类、知识理解类、练习巩固类、小结拓展类。其他与教育教学相关的微课类型有：说课类、班会课类、实践课类、活动类等。

十、微课的设计技能指导

（一）微课教学设计的原则

微课教学看似简单，但在制作过程中需遵循一定的原则。需要根据教学的内容、教学的要求、教学目标及教学对象的情况来进行设计和制作。

1. 充分体现学术性

微课教学内容必须保证科学性、准确性、学术性和真实性。微课是传播知识的，因此微课中的任何一点都必须严格遵循科学体系和教学要求。同时，微课要有较为完整的课程结构，包括开始、结束、授课、互动等，并不是从长的视频课中截取一段。

2. 精心进行教学设计

微课要在短时间内将内容传播给学习者，而且要能吸引和激发学习者的学习热情，因此，必须有精心的教学设计，同时，也要有教育学的心理学作指导。微课是一个精彩的短课，需要尽量突出该课程的特色，不能做得平铺直叙。

3. 熟悉制作技术

微课是利用网络多媒体技术展示和传播的，微课要尽量使用多媒体技术，展示课程内容。如使用动画、图表、音视频等方式表达教学内容。因此，技术对于微课来说非常重要，恰当和充分地使用信息技术手段，是微课成功的重要基础。

4. 掌握教学艺术性

教学是一门艺术，如何讲好一堂课，如何体现知识的魅力，如何展示教师的风采，如何传播知识背后的文化，都需要有较好的教学艺术。由于微课时间很短，因此要重视每一秒，尽量不要有口误、重复、表达不清、拖沓现象。尽量加上字幕。另外，要注意教师的仪表、动作、语言等，学生要全神贯注，不能开小差。

5. 重视开场

微课教学视频课最关键的是开头，要抓人眼球，要能吸引听众。因此，要非常重视开头的一两分钟。

6. 要与常规课程相结合

微课是对重点难点或某个知识的解释，是常规课程的有益的补充，使用时必须与课程相结合。

7. 要与课程特色相结合

微课表现的内容必须体现课程的特色，用微课作为课程的名片。

8. 要与学生的学习兴趣相结合

将学生感兴趣的、关注的知识内容用微课展示出来，这样才能吸引学生，才能获得好的学习效果。

(二) 微课教学设计要点

1. 能否把握课程知识

微课的制作常常需要教师打破原有的知识结构和教学体系，重组教学内容，因此需要教师将教学内容烂熟于胸，能够信手拈来，有高度的知识驾驭能力。

2. 能否谙熟教学技巧

怎样在很短的时间内将知识讲解清楚，这需要教师有娴熟的教学技巧，能够熟练运用各种教学工具与方法，掌握教学过程中的每一个环节。

3. 能否变革教学模式

在教学实践中使用微课，需要变革原有的教学模式，比如采取翻转课堂等方式，这样才能充分发挥微课的作用。因此，教师要有变革教学的勇气，愿意开展教学改革。

4. 能否了解学生需求

微课是以学生为主体的、体现学生学习需求的。因此教师需要换位思考，充分理解和思考学生学习过程中的各种问题与需要。

5. 能否追求教书育人

教师是园丁，不仅传播知识，还要教书育人。微课可以将点滴的教育思想和为人处世的原则潜移默化地传播给学生，可以起到传统课堂说教达不到的效果。因此教师在微课传递知识的同时，要尽量融入育人和文化内涵。

因此，要迎接这些挑战，教师必须学习先进教育的理念、提升学科专业的水平、强调以生为本的思想、掌握信息技术的手段。同时，还要做到有认识、有胆识、有知识和有共识。即要对微课有深刻的理解与认识，要有教学改革的勇气胆识，要有学科的专业知识与技能，还要有微课传播知识的共识，这样才能把握好微课，才能克服困难制作和应用微课。

第二节 模拟教学技能

模拟教学是一种虚拟实践的现代教学方式。其中的"情景"是指情形、景象，即事物呈现出来的样子、状况；"模拟"指照着某种现成的样子学着做。即通过对事件或事物发展与发展环境、过程的模拟或虚拟再现，让学生身临其境，在所设情景中发现问题、解决问题，理解教学内容，进而在短时间内提高能力的教学方式。

一、模拟教学的作用

在体育教学中，应用模拟教学能够直观地展示教学内容，便于学生理解，还能发挥学生的主体性作用，提高学习兴趣，收到事半功倍的效果，对提高教学质量具有十分重要的意义。

(一) 利于提高学生的形象思维能力

模拟教学所选择的环境、过程，比较接近事件或事物发生与发展的真实情景，有利于提高学生的形象思维能力。

（二）利于学生加深对特定角色的体会

模拟教学为学生提供一个特定的情节，并使学生与模拟情景高度融合。学生在模拟中通过对特定情节或细节的演绎，加深对某些角色地位、作用、处境、工作要领等的体会。模拟教学中的情节或细节应该是有特点、能超越情节或细节的局限性，且能表现出事物整体性的情节或细节。

（三）利于增强学生对实际问题的预测与处理能力

模拟教学让学生通过模拟事件发生、发展的每个环节，不仅可以引导学生模拟事件或事物的发展演变规律，而且可帮助学生发现潜能，找出不足，从而增强对实际问题的预测与处理能力。

二、模拟教学的特点

（一）直观性

模拟教学形象直观，环境与过程逼真，可有效解决某些理论原理难以形象化讲授、某些课题知识点难以通过实践加以验证的问题，让学生身临其境，突出操作性，注重实效性，又兼顾理论性。具有教师与学生高度投入、学生自身经验与模拟情景高度融合的特点。

（二）科学性

由于环境与过程的相互作用，并且注重理论与实际的高度结合，结果明确且相对准确，因此，模拟教学具有科学性。

（三）参与性

为获得较高评价，学生一般都会积极参与，充分表现，施展才华；都会积极投入，探索并试图解决问题，进而培养沟通、表达、相互认知等社交能力；使参与者获得实际工作经验，认清自身不足，也利于培养学生的集体荣誉感和团队精神。

第三节　体育课堂的动作示范技能训练

作为体育教学中最直观的教学技能之一，动作示范技能是教师必不可少的教学技能。它指教师或教师指定的学生根据教材所提供的内容，以自身完成的形体动作为范例展示给学生，使学生观察了解所学动作的表象、顺序、技术要点和方法的一种技能形式，动作示范的目的是让学生形成正确的动作表象。

一、动作示范技能的构成要素

动作示范技能的完成需要从五个方面考虑：示范目的、示范内容、示范方式、示范时机、示范与讲解。

（一）示范目的

示范目的决定了示范方式的选择，它是示范技能运用的出发点。体育教师在课堂前要充分分析教学目标、教学重点难点及学生的认知水平，明确示范目的，并以此为依据设计示范技能的实施。

（二）示范内容

体育课堂中需要示范的内容众多，如单个动作、多个组合动作、徒手动作、持器械动作等。而每个动作都有其构成要素，具体包括身体姿势、动作轨迹、动作时间、动作速度、动作速率、动作力量、动作节奏。对于所示范的内容要考虑动作要素间的联系，并进行重点的提炼。

（三）示范方式

体育教学中，不同的运动类型有其不同的内容呈现方式。为使全体学生对于所示范动作了解得更清楚、全面、深刻，教师要根据具体的运动类型，充分考虑示范的组织方式、队形、示范位置、速度等。

（四）示范时机

指教师提出或做出动作示范的时机。不同的时机进行动作示范会产生不同的作用与效果，在课堂教学的各个阶段，如导入的示范、学习阶段的示范、练习阶段的示范等，其时机也有差异。因此，时机的选择十分重要。一堂课中，学生学习运用技术的时间较短，较为精深的动作技术要领被学生所体会需要一个循序渐进的过程，这时，教师要观察学生掌握技能的情况，及时总结，在恰当的时机做出相应的示范。同时要注意学生的精神和情绪，在学生情绪高涨、注意力集中时进行重难点内容的示范讲解。

（五）示范与讲解

示范是使学生对动作形成直观的概念，但动作示范时人体肌肉的变化与配合却不能被直观感受。讲解的插入使学生视觉与听觉器官同步参与活动，从而将动作与内容相联系，建立清晰的动作表象。教师可以根据实际情况选择先示范后讲解、先讲解后示范、边讲解边示范三种组合方式，来使学生更高效地接受和理解教学信息。

二、动作示范技能的分类

（一）教师示范与学生示范

教师示范是体育教学中的主要示范形式，由教师示范，学生观看。

学生示范是由教师挑出学生进行动作示范，可以为教师示范做补充，例如，教师无法边示范边讲解，可就某位同学的动作示范进行讲解说明。

还有合作示范，体育中有些技术动作需要两人或多人的配合，以展现相对连贯、完整的技术动作。合作示范有学生间的合作，也有师生间的合作。

（二）完整示范与分段示范

完整示范一般运用于动作学习的开始阶段和巩固阶段。开始阶段的完整示范能使学生对动作技术建立完整的概念，同时明确此次课堂的学习目标。巩固阶段的完整示范可将各个分解练习的动作联系起来，使学生有目标参照，更有针对性。

分段示范主要是教师为了突出内容的重点难点而将动作分解成一个或几个环节，分步慢速地示范动作，让学生对动作技术了解得更透彻。分段示范通常在难度性运动项目技术的教学中运用较多。分段示范也可以分为分段单一示范和分段连接示范。

（三）对比示范

对比示范可以分为正误对比示范和近似对比示范。

正误对比示范是指依次示范正确和错误的动作，形成对比。在示范过程中，学生往往不易察觉自己的错误动作，示范者的正误对比示范能使学生强化正确的运动条件反射，抑制自己错误的运动条件反射，有利于学生建立正确的技术动作定型。同时，正误对比示范的展示要首先说明展示目的，以免错误动作的示范引起学生的误会和嘲笑，产生相反的教学效果。

近似对比示范指对两个或两个以上比较相近的动作进行对比示范，以比较两者的异同点。通常运用在区分两个相近的容易互相干扰的动作上，使学生能进行区分，明确所学新动作的关键。同时，近似对比示范能引导学生发现新旧教学内容的共同点，有利于建立正确的动作概念。

（四）动态动作示范与静态动作示范

这是按照动作示范的速度分类。动态动作示范有常速动作示范、慢速动作示范、快速动作示范、混合动作示范与停顿定格示范。教师在不同的教学时期进行示范的过程中会有意识地调整示范动作的速度以达到不同的教学目的，例如，首次示范新动作要用常速动作示范以使学生了解动作的整体面貌；动作教授开始时采取慢速动作示范以使学生清楚每一个动作细节；教学到一定阶段后可根据实际情况进行常速、高速或混合动作示范。其中，停顿定格示范指在动作示范过程中，示范者突然停止在某一姿势上，以强调动作的重点与难点。这种示范方法也能用在动作正误对比示范中，这样可以纠正学生的错误动作。静态动作示范是指使某一动作在静止状态下进行的示范。

（五）示范面

这是按照动作示范的空间位置分类。分为正面动作示范、镜面动作示范、侧面动作示范和背面动作示范。正面动作示范一般适用于教师正面朝向学生进行简单结构的动作示范，以展现局部动作或动作上下左右的移动；侧面动作示范指教师侧面朝向学生，以展现动作的前后移动；镜面动作示范指示范者正面朝向学生，但示范的动作方向与动作的本来方向相反，一般用于简单且对称的动作示范；背面动作示范指示范者背面朝向学生，进行动作方向与路线变化较复杂或身体各部较难配合的动作示范。

三、动作示范技能的合理运用

动作示范中主要展示动作技能的重要特征，因此，无论示范者是学生还是教师，其示范动作必须规范正确，这有利于学生纠正错误动作、消除学习恐惧，提高参与和表现的积极性，提高学习的兴奋度，形成分化抑制。动作示范技能的合理运用能调控和谐的教学气氛，增加学生对教师的信任与尊重，提高教学效果。

（一）多种类型示范相结合

1. 完整示范与分段示范相结合

教学新动作之初，教师可以采用完整示范，动作要准确、优美，从而使学生体验建立优美、完整的动作概念。在教学过程中，结合教学内容与要求进行动作分解，对复杂的动作进行分段示范，任何一个动作的成型都必须经过泛化、分化与动力定型的过程，在结束教学之前，教师再次对动作进行完整示范，以此可巩固、加强学生的学习效果。

2. 巧妙使用正误对比示范

学前示范一般采用正确示范，且要规范，以让学生形成正确的动作表象。教学中学生的练习出错之后，教师要进行纠错，适当进行正确示范和错误示范，正误对比示范的展示，宜用在学生出现典型的、普遍的、严重的错误之后。对于纪律差、不认真的学生要慎用此方法，以免学生产生对立情绪。多进行正确示范，尽量避免进行错误的动作示范，以免误导学生。

3. 合理掌握示范速度

体育动作具有连贯性和快速性。在教学过程中教师进行分段示范时，可采用慢速示范或常速示范，使学生清楚地观察到动作的细节。例如，对于较复杂的动作，学生要清楚掌握动作的幅度、方向与路线变化，教师采用常速—慢速示范或慢速—常速示范，甚至可以采用较为夸张的示范来吸引学生注意。

4. 运用不同的示范面

合适的示范位置能让每一个学生都观察到教师的动作示范。不同的动作有不同方向的示范，教师要根据所示范的动作的需要恰当地选择示范面，例如，指导额状面内运动的动作时，为使学生观察上下肢体的动作，一般运用正面示范；指导体侧动作时，为展现较大的左右移动变化，一般运用背面示范；指导体前动作时，为展示前后路线的变化，一般运用侧面示范；甚至有些动作需要教师与学生形成某个角度或斜面，要将背面、侧面结合起来运用。不同方向的示范主要是为了突出动作重点从而使学生了解动作结构。教师在选择示范位置时，需考虑示范目的、动作特点、学生的队形结构等因素。

（二）示范与讲解合理搭配

学习中，多种感觉器官的参与能使学习效率明显提高，而视觉与听觉感官的结合效果会比单一感觉感官的效果好。示范与讲解相结合，讲解的主要目的是提示动作要点，以使学生建立正确的技术概念，加深对动作的记忆和理解。教师根据教学对象、教学内容和教学进度合理地将示范与讲解相结合，讲解后的动作示范使讲解更加具体形象，学生印象更深刻；讲解的同时，进行动作示范将感性经验与抽象思维相结合，这样更能保持学生的注意力；讲解前的动作示范先以感性经验为基础后做抽象概括，引起学生的注意并激发其学习积极性。

（三）把握示范时机与次数恰当

随意示范往往会破坏动作原有的美感，不利于培养学生的细致的学习习惯和思维能力。在课堂的实际教学中，要把握示范的时机，找到切入点进行适时的示范。如正式教学前先让学生欣赏示范动作；学到动作技术的关键与难点时进行重点示范；学生的练习意见出现分歧时适时进行动作的正确与错误示范；学生的训练遇到瓶颈时教师要及时进行示范与讲解，引导学生探究学习；学生产生胆怯心理时，教师要敢于示范，解除学生的思想负担。示范时机是有规律可循的，各个教师自身的经验差异使其表现出灵活性，还要根据教学对象与教学实际选择恰当的示范时机。

同时，示范的次数也要合理掌控，次数过多，会使学生的练习时间相应减少，削弱学生的主体地位；示范次数太少，容易忽视学生的问题，失去与学生有效互动的时机。因此，教师在教授新动作时，示范次数在2至3次为宜，然后根据实际情况与合适的时机做1至2次的示范补充。

参考文献

［1］任翔，张通，刘征．高校体育教学模式创新研究与实践，沈阳：辽宁人民出版社，2023.

［2］孙琦林．高校体育教学与科学化锻炼研究，长春：吉林人民出版社，2023.

［3］康华养，于峥，程雪廷著．体育教学与扩展训练的融合探究．长春：吉林人民出版社，2023.

［4］朱丽丽，李波，吕守峰．体育强国背景下高校体育教学发展研究，长春：吉林出版集团股份有限公司，2023.

［5］李储涛．有效教学视角下体育教学与训练质量的提升探索，长春：吉林出版集团股份有限公司，2023.

［6］杜鑫，续姜．高校体育教学发展与改革探究，延吉：延边大学出版社，2023.

［］冯健，杨旭东，周雨龙．高校体育教学与运动训练研究，延吉：延边大学出版社，2022.

［8］冯灿．高校体育教学改革与创新，长春：吉林出版集团股份有限公司，2022.

［9］李果．新时期高校体育教学模式研究，长春：吉林文史出版社有限责任公司，2022.

［10］李进文．高校体育教学与体育文化融合发展研究，北京：中国原子能出版社，2022.

［11］李雪．现代体育教学与实践，长春：吉林出版集团股份有限公司，2022.

［12］刘昕，张万欣．高校体育教学实践与提升技巧，长春：吉林美术出版社，2021.

［13］陈晓波．大学体育运动技能与教学实践，西安：西北工业大学出版社，2022.

［14］冯伟华．体能素质与运动技能相长的教学主张，上海：华东师范大学出版社，2021.

［15］朱连庆．大学体育运动技能与体育教学，长春：吉林教育出版社，2021.